유경촌 글 | 정미연 그림

사순,
날마다 새로워지는 선물

가톨릭출판사

사순, 날마다 새로워지는 선물

2004년 10월 16일 교회 인가
2004년 12월 15일 초판 1쇄 펴냄
2018년 2월 14일 개정 초판 1쇄 펴냄
2025년 3월 1일 개정 초판 3쇄 펴냄

글·유경촌
그림·정미연
펴낸이·정순택
펴낸곳·가톨릭출판사
편집 겸 인쇄인·김대영
편집·강서윤, 김지영, 김지현, 박다솜
디자인·정호진, 강해인, 이경숙
마케팅·임찬양, 안효진, 황희진, 노가영

본사·서울특별시 중구 중림로 27
등록·1958. 1. 16. 제2-314호
전자우편·edit@catholicbook.kr
전화·1544-1886(대표 번호)
지로번호·3000997

ISBN 978-89-321-1505-4 03230

값 16,000원

글 ⓒ 유경촌, 2018
그림 ⓒ 정미연, 2018

이 책은 저작권법에 의해 보호를 받는 저작물이므로 무단 전재와 무단 복제를 금합니다.

가톨릭의 모든 도서와 성물, 디지털 콘텐츠를 '**가톨릭북플러스**'에서 만날 수 있습니다.
https://www.catholicbookplus.kr | (02)6365-1888(구입문의)

유경촌 글 | 정미연 그림

사순,
날마다
새로워지는
선물

가톨릭출판사

일러두기

· 이 책은 가해 · 나해 · 다해 복음을 모두 묵상할 수 있도록 구성했습니다.
· 가해 · 나해 · 다해 복음이 모두 다를 경우에는 각각의 복음에 따른 묵상 글을 수록했습니다(단, 다해 사순 제5주일 복음은 가해 · 나해 사순 제5주간 월요일 복음과 내용이 동일하여, 묵상 글을 따로 싣지 않았습니다). 또한 묵상 글은 나해 · 다해 · 가해 순서로 구성했습니다.
· 공관 복음일 경우에는 복음이 달라도 같은 주제를 다루고 있기에, 묵상 글은 하나만 수록했습니다.

주님,

입으로만 사랑하지 말고
행동으로 참된 사랑을
실천할 수 있는 용기를 주십시오.
그리하여 이 세상의 삶이 끝나는 날,
당신 대전에서 참으로
아버지의 축복을 받을 수 있는 사람이
되게 해 주십시오.

차례

사순 시기를 시작하며

재의 수요일	하느님 앞에서 /	12
재의 예식 다음 목요일	함께 짊어진 사람들 /	16
재의 예식 다음 금요일	잔치의 추억 /	20
재의 예식 다음 토요일	예수님 따라나서기 /	24

사순 제1주간
사랑의 길

사순 제1주일	신앙의 방패 /	30
사순 제1주간 월요일	조건 없는 나눔 /	34
사순 제1주간 화요일	너희는 기도할 때에 /	38
사순 제1주간 수요일	다시 살려 주시는 분 /	42
사순 제1주간 목요일	하느님을 찾는 사람들 /	46
사순 제1주간 금요일	하느님 나라에 들어가려면 /	50
사순 제1주간 토요일	하느님 맘 닮기 /	54

사순 제2주간
믿음의 길

사순 제2주일	얼마나 좋겠습니까! / 60
사순 제2주간 월요일	남에게 해 주는 그만큼 / 64
사순 제2주간 화요일	언행이 일치하는 삶 / 68
사순 제2주간 수요일	주님과의 약속 / 72
사순 제2주간 목요일	삶의 끝에서 바라보기 / 76
사순 제2주간 금요일	회개의 기회 / 80
사순 제2주간 토요일	참사랑에 눈뜨기 / 84

사순 제3주간
희망의 길

사순 제3주일	성전인 우리 마음 지키기 / 90
	신앙의 열매 맺기 / 94
	마르지 않는 샘물 / 96
사순 제3주간 월요일	그분을 알아볼 수 있도록 / 98
사순 제3주간 화요일	한없이 용서하기 / 102
사순 제3주간 수요일	마음 살피기 / 106
사순 제3주간 목요일	예수님의 작은 치유 / 110
사순 제3주간 금요일	한결같은 사랑 / 114
사순 제3주간 토요일	마음을 보시는 분 / 118

사순 제4주간
가난의 길

사순 제4주일	참되게 믿는 사람으로 거듭나기 / 124
	사랑과 자비의 하느님 / 128
	거저 받은 사랑 / 130
사순 제4주간 월요일	조건 없는 신뢰 / 132
사순 제4주간 화요일	낫고 싶습니다 / 136
사순 제4주간 수요일	하느님의 뜻을 이루기 위해 / 140
사순 제4주간 목요일	원본이신 예수님 알아보기 / 144
사순 제4주간 금요일	의심과 믿음 사이에서 / 148
사순 제4주간 토요일	진짜 예수님 만나기 / 152

사순 제5주간
순명의 길

사순 제5주일	아버지의 이름을 영광스럽게 / 158
	영원히 사는 비결 / 162
사순 제5주간 월요일	자비의 잣대 / 164
	빛으로 오신 주님 / 168
사순 제5주간 화요일	예수님을 만나는 십자가 / 170

사순 제5주간 수요일	마음에 새겨진 말씀 / 174
사순 제5주간 목요일	하느님의 권위 / 178
사순 제5주간 금요일	강생의 신비 / 182
사순 제5주간 토요일	불의에 맞서기 / 186

성주간
부활의 길

주님 수난 성지 주일	늘 깨어 기도하기 / 192
성주간 월요일	고난을 감수하는 사랑 / 196
성주간 화요일	아버지와의 일치 / 200
성주간 수요일	기다리시는 분 / 204
주님 만찬 성목요일	발을 씻어 준다는 것은 / 208
주님 수난 성금요일	십자가를 통하여 만나는 예수님 / 212
파스카 성야	나를 버리고 떠나기 위해 / 216
주님 부활 대축일	상상도 못 한 일 / 220

사순 시기를
시작하며

이번 사순 시기를 지내면서 특별히 얻고자 하는 은혜를
청해 보세요.
사순 시기 동안 주님께 다가갈 수 있도록 생활 습관을 바꾸고,
이웃을 위한 작은 희생과 봉사를 실천하겠다고 다짐합시다.

사순 시기 동안
얻고자 하는 은혜

재의 수요일

하느님 앞에서

오늘의 복음: 마태 6,1-6.16-18

"네가 자선을 베풀 때에는
 오른손이 하는 일을 왼손이 모르게 하여라.
 그렇게 하여 네 자선을 숨겨 두어라.
 그러면 숨은 일도 보시는 네 아버지께서
 너에게 갚아 주실 것이다." (마태 6,3-4)

나의 실천 사항:

단식과 기도와 자선은 사순 시기 생활 정신의 요약입니다. 단식은 자신에 대한 절제와 극기의 상징이고, 기도는 내 삶의 뿌리가 무엇인지 알게 해 주는 것입니다. 자선은 단식과 기도의 자연스러운 결과입니다. 물론 이 세 가지는 상호 보완적이어서 셋 중에 어느 하나가 빠지면 다른 것이 불완전해집니다.

우리는 그동안 너무 겉모습에만 치우쳐 살았습니다. 신앙인이면서도 단식과 기도와 자선을 실천하지 않는다면 알맹이 없는 신앙입니다. 또한 이를 실천하더라도 형식적이거나 남을 의식해서 하는 경우가 많습니다. 그러나 주님께서는 남에게 보이기 위한 단식과 기도와 자선이 아니라, 하느님을 향한 소리 없는 단식과 기도와 자선만이 참되다고 가르쳐 주십니다. 그래서 누구 때문이 아니라 바로 하느님 앞에서 진실로 단식하고 기도하며 자선을 행하는 신앙을 살도록 그분께서는 우리를 초대하십니다.

주님!
제가 드리는 기도와 단식이
저 자신을 위해서가 아니라
누군가를 위한 소중한 선물이 되기를 소망합니다.
오늘부터 시작되는 사순 시기 여정을
축복해 주소서.

재의 예식 다음 목요일

함께 짊어진 사람들

오늘의 복음: 루카 9,22-25

"누구든지 내 뒤를 따라오려면,
자신을 버리고 날마다 제 십자가를 지고
나를 따라야 한다."(루카 9,23)

나의 실천 사항:

인류의 구세주로 오신 예수님께서는 당신이 고통 속에 죽게 된다고 예고하십니다. 그리고 우리도 그 운명에 동참하라고 요구하십니다. 그리스도인은 이러한 점에서 모두 고통을 감수하고 죽을 운명을 함께 짊어진 사람들입니다. 그래야 살 수 있다는 것이 그분이 주시는 역설적 교훈입니다.

그런데 우리는 고통과 죽음보다 그 너머에 있는 영광을 원합니다. 십자가 없는 부활을 꿈꿉니다. 그래서 일상 속에서 만나는 고통 앞에 쉽게 좌절하고 하느님을 원망합니다. 어쩌다 억울한 일이나 모욕을 당하면 자존심에 상처를 입고 괴로워합니다. 실로 자기를 버린다는 것이 얼마나 어려운지 절감합니다. 그러나 세례를 받음으로써 우리가 선택한 길이 어떤 길이었는지 되새겨 봅시다.

주님, 저희가 고통을 만날 때마다 그 고통을 구원의 십자가로 끌어안을 수 있도록 도와주십시오.

제가 선택한 길이 십자가를 통한 부활의 길임을
오늘 새로 깨닫습니다.
크고 작은 일상의 십자가들이
구원의 십자가가 될 수 있도록
주님께서 함께해 주시고 이끌어 주소서.

재의 예식 다음 금요일
잔치의 추억

오늘의 복음: 마태 9,14-15

"혼인 잔치 손님들이 신랑과 함께 있는 동안에
슬퍼할 수야 없지 않으냐?
그러나 그들이 신랑을 빼앗길 날이 올 것이다.
그러면 그들도 단식할 것이다." (마태 9,15)

_____
나의 실천 사항:

제자들은 신랑의 혼인 잔치에 온 친구들이고 신랑은 예수님이십니다. 그들은 신랑과 함께 즐거운 시간을 보냅니다. 그리스도인들도 예수님 안에서 그분의 기쁨과 평화를 체험합니다.

그러나 항상 즐거운 시간만 있는 것이 아니라 힘든 시간도 함께 찾아옵니다. 스승을 잃고 난 후 제자들이 그러했듯이, 우리도 시련과 고통의 길을 걷기도 합니다. 그 점을 오늘 복음은 잘 암시해 줍니다. 고통의 무게가 클수록 스승의 약속을 믿고 마음에 되새기는 일이 중요합니다. 그분과 함께한 '잔치의 추억'은 시련이 닥쳤을 때 걸려 넘어지지 않도록 밑거름이 되어 줍니다.

매일의 기도와 전례, 침묵은 우리를 위해서 그분이 마련하신 영적 잔치입니다. 하지만 우리는 오히려 무관심과 게으름으로 그분을 우리 마음에서 쫓아내곤 합니다. 시련이 닥치면 단식이 아니라 아예 다른 즐거움을 찾아 나설지도 모릅니다. 오늘도 주님은 당신의 영적 잔치에 우리를 부르십니다.

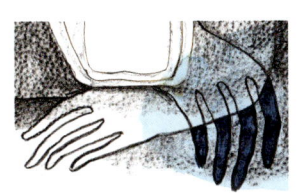

주님!
당신과 함께 있을 때에는
기뻐하게 하시고
당신과 함께 있지 못할 때에는
슬퍼하게 하소서.

재의 예식 다음 토요일

예수님 따라나서기

오늘의 복음: 루카 5,27-32

"나는 의인이 아니라 죄인을 불러
회개시키러 왔다." (루카 5,32)

나의 실천 사항:

레위는 사람들이 기피하는 인물이었습니다. 직업이 세리였으니까요. 그런 그가 예수님의 부르심을 받았을 때 그는 자신의 귀를 의심했을 것입니다. 그러나 그는 모든 것을 버리고 예수님을 따라나서며 그분을 자기 집에 모셨습니다.

예수님께서는 우리에게도 그렇게 다가오셨습니다. 우리는 의사가 필요한 병자와 같은 처지였지만, 그분의 부르심으로 세례를 받고 신자가 되었습니다. 저는 그 점을 떠올리면 가슴이 두근거립니다. 얼마나 큰 은총이었나 하고 말입니다. 그런데 우리는 이 사실을 쉽게 잊고 지냅니다. 레위를 부르신 것처럼 예수님께서는 우리가 회개하고 변화하도록 부르셨습니다. 이 부르심에 레위처럼 '모든 것을 버리고'(루카 5,28 참조) 그분을 따라나서고 있습니까?

주님!
감사의 잔치를 베푼 세리처럼
저도 오늘 주님께 받은 은혜를 헤아리며
감사 예물을 바치고 싶사오니,
주님, 도와주소서.

사순 제1주간

사랑의 길

앞으로 일주일간 매일 실천할 바를 적어 보세요.
다음의 예시에서 선택해도 좋습니다.

사순 제1주간에
실천할 나의 결심

예시

- 가족에게 "사랑해요."라고 말합니다.
- 배우자에게 하루에 한 번 전화합니다.
- 아이들에게 사랑이 담긴 간식을 만들어 줍니다.
- 불평하고 투정 부리고 싶을 때 인내합니다.
- 사이가 좋지 않은 사람을 위해 주님의 기도를 바칩니다.
- 다른 사람의 장점을 말하며 칭찬해 줍니다.
- 얄미운 직장 상사나 동료를 위해 주모경을 세 번 바칩니다.
- 굶주림으로 죽어 가는 아이들을 생각하며 한 끼를 단식하고 봉헌합니다.
- 음식을 적당히 준비하여 쓰레기가 나오지 않도록 주의합니다.
- 내가 가진 것들을 떠올려 보며 주님께 감사 기도를 바칩니다.

사순 제1주일

신앙의 방패

오늘의 복음: 마태 4,1-11(가해)
　　　　　　마르 1,12-15(나해)
　　　　　　루카 4,1-13(다해)

"예수님께서는 광야에서 사십 일 동안
사탄에게 유혹을 받으셨다.
또한 들짐승들과 함께 지내셨는데
천사들이 그분의 시중을 들었다." (마르 1,13)

―――――
나의 실천 사항:

세례를 받은 예수님께서는 광야로 나가시어 40일 동안 단식한 후 악마의 유혹을 받으셨습니다. 세 가지 큰 유혹을 이겨 내신 예수님의 이야기는 우리의 이야기이기도 합니다. 우리도 세상을 살면서 끊임없이 유혹과 대면하기 때문입니다. 물질과 명예, 권력과 같은 것을 숭배하라는 유혹이 우리를 집요하게 괴롭힙니다. 어떤 경우에는 그것이 유혹인지도 모른 채, 무뎌진 마음으로 그 속에 빠져 지내기도 합니다. 유혹은 항상 그럴 듯한 이유와 강한 설득력으로 위장되어, 그것을 알아보거나 거절하기가 쉽지 않습니다. 예수님의 세 가지 유혹은 현대인과 교회가 언제라도 걸려 넘어질 수 있는 함정을 상징합니다. 예수님께서는 당신의 모범을 통해 하느님께 나아가기 위해서는 우리도 이런 유혹을 극복해야 함을 보여 주셨습니다.

　예수님께서는 유혹 앞에서 하느님만을 선택의 기준으로 삼으셨습니다. 또한 하느님에 대한 확신과 결단을 얻기 위해 광야에서 40일간 단식하며 기도하셨습니다. 거기서 그분은 어떤 유혹의 창도 뚫을 수 없는 신앙의 방패를 얻으셨습니다. 그리하여 성경에서 '광야'와 '40'이라는 숫자는 정화와 준비를 상징합니다.

우리가 죽는 순간까지 유혹과 싸워야 한다면, 어쩌면 우리의 인생 전체는 하느님 나라를 위해 정화하고 준비하는 시간이자 자리라고 할 수 있습니다. 사순 시기는 일생 동안 해야 하는 정화와 준비를 더욱 집중적으로 하는 시기입니다. 그래서 사순 시기는 '영적 광야'로 부르시는 그분의 초대인 것입니다. 이 시기에 우리는 우리 삶 구석구석에서 하느님과 우리 사이를 가로막고 있는 방해물을 말끔히 치우고, 그분만을 위한 자리와 시간을 더 많이 마련하도록 결심하고 은총을 구해야겠습니다.

주님! 저를 비추시어
인정과 의리를 따르도록 도와주시고
정당치 못한 일들을 과감하게 거절할 수 있는
용기를 주소서.

사순 제1주간 월요일

조건 없는 나눔

오늘의 복음: 마태 25,31-46

"내가 진실로 너희에게 말한다.
너희가 내 형제들인 이 가장 작은 이들 가운데
한 사람에게 해 준 것이 바로 나에게 해 준 것이다."
(마태 25,40)

나의 실천 사항:

구원과 심판의 기준은 간단명료합니다. 이웃에게 사랑과 나눔을 조건 없이 실천했는가 하는 것입니다. 굶주린 사람·목마른 사람·나그네·헐벗은 사람·병든 사람·감옥에 갇힌 사람들에게는 되받을 것을 기대하기 어렵기에, 조건 없이 나누게 됩니다. 그들에게 베푼 사랑은 곧 예수님께 드린 봉헌이 된다는 뜻입니다. 같은 의미로, 한 사람의 신앙의 깊이를 재는 척도 역시 나눔과 헌신입니다.

그런데 우리는 어떻습니까? 머리로는 잘 알지만, 실제로는 정반대로 살고 있지 않습니까? 힘 있고 가진 것이 많은 이들에게 더 베풀어 그들의 환심을 사고, 그들과 가까워지려 하지 않습니까?

주님, 입으로만 사랑하지 말고 행동으로 참된 사랑을 실천할 수 있는 용기를 주십시오. 그리하여 이 세상의 삶이 끝나는 날, 당신 대전에서 참으로 아버지의 축복을 받을 수 있는 사람이 되게 해 주십시오.

주님, 제 도움이 필요한 이웃들과,
특별히 저희 가족들을 기억합니다.
제가 온전히 마음을 비워
그들의 깊은 갈망을 알아차리고
그에 응답할 수 있도록 도와주소서.

사순 제1주간 화요일

너희는 기도할 때에

오늘의 복음: 마태 6,7-15

"너희 아버지께서는 너희가 청하기도 전에 무엇이 필요한지 알고 계신다." (마태 6,8)

나의 실천 사항:

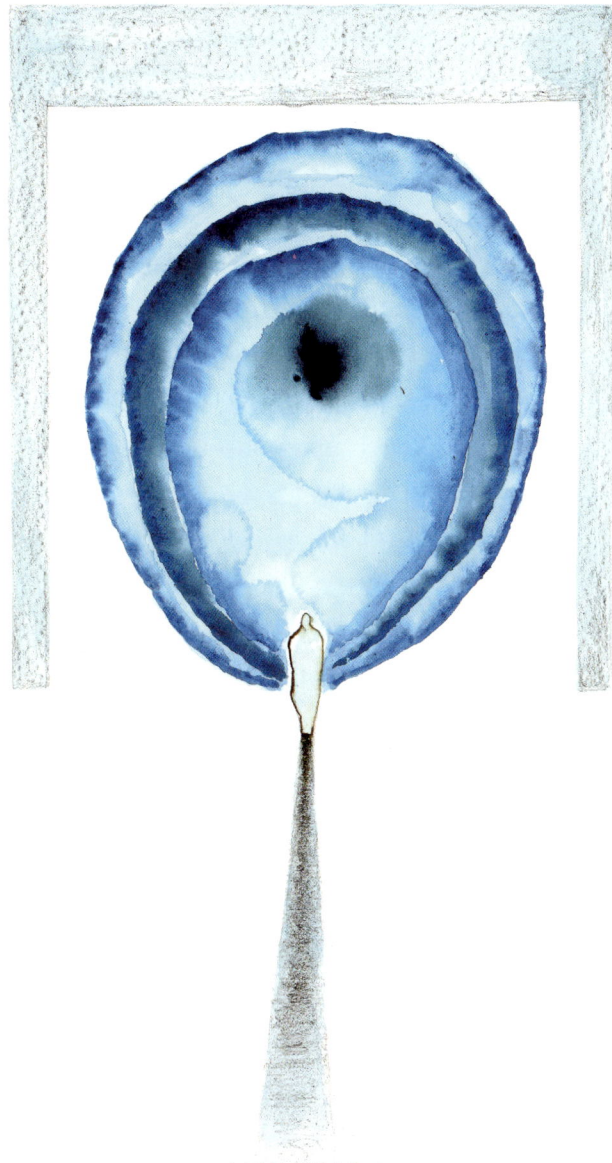

주님의 기도는 가장 빈번하게 바치는 기도 가운데 하나입니다. 이 기도는 거창하게 기도할 줄 몰라도 누구나 쉽게 바칠 수 있습니다. 또한 주님의 기도에는 신앙생활의 핵심 구조가 담겨 있는데, 말을 많이 하기보다 먼저 하느님께 마음을 열라고 합니다. 그러면 우리가 그분의 현존을 느낄 수 있습니다. 우리에게 필요한 것을 다 알고 계시는 그분의 현존을 말입니다. 그런 다음 그분께 모든 것을 신뢰하며 맡기는 것입니다.

주님의 기도 전반부는 우리 마음을 하느님께 열어 보이도록 도와주고, 우리의 뜻보다 그분의 뜻이 먼저임을 알려 줍니다. 그런 다음 후반부는 우리가 필요한 것들을 청하게 합니다. 주님의 기도를 바칠 때마다 우리는 우리 자신을 알고 우리와 함께 현존하시는 그분께 마음을 열어 최상의 경배를 드릴 수 있습니다. 우리가 그럴 수 있도록 주님께서 손수 우리에게 기도를 가르쳐 주신 것입니다.

구하기도 전에 저의 마음속을 환히 꿰뚫어
제가 필요로 하는 것을
모두 채워 주시는 아버지 하느님!
아버지의 현존 안에서 누리는 행복을
오늘 만나는 이들에게 전하고자 하오니
도와주소서.

사순 제1주간 수요일

다시 살려 주시는 분

오늘의 독서: 요나 3,1-10

"사람이든 짐승이든 모두 자루옷을 걸치고
하느님께 힘껏 부르짖어라."(요나 3,8)

나의 실천 사항:

하느님의 명령을 거부하고 달아난 요나가 느낀 것은 절망뿐이었습니다. 그래서 그는 스스로 목숨을 포기했지만, 하느님께서는 고래를 시켜 다시 살려 주셨습니다. 하느님을 배신했지만 은혜로 갚아 주신 셈입니다. 그래서 요나는 새롭게 시작할 수 있었습니다. 요나뿐만 아니라 요나의 이야기를 듣고 회개한 니네베 사람들의 모습도 큰 기적입니다. 자기 힘만으로는 구원에 이를 수 없지만 하느님께서 회개하는 니네베 사람들을 돕고, 그들과 함께하심으로써, 그들을 구원으로 이끄셨다는 것은 실로 엄청난 기적입니다.

요나의 이야기는 부활의 기적을 암시합니다. 우리도 요나처럼 절망의 끝에 설지라도 하느님을 볼 희망을 얻었습니다. 예수님께서는 십자가와 부활을 통해 우리에게 그 점을 가르쳐 주셨습니다. 그분의 말씀을 듣고 우리도 회개할 수 있도록 말입니다.

주님, 그렇습니다.
제 힘만으로는 아무것도 할 수 없습니다.
당신의 손을 잡고 당신께 의지하면서
십자가의 신비를 배워 나가려 하오니
이러한 저를 도와주소서, 주님.

사순 제1주간 목요일

하느님을 찾는 사람들

오늘의 복음: 마태 7,7-12

"누구든지 청하는 이는 받고, 찾는 이는 얻고,
문을 두드리는 이에게는 열릴 것이다."

(마태 7,8)

나의 실천 사항:

물질적으로 풍요로운 시대일수록 사람들은 영적 갈증을 더욱 강하게 느낍니다. 우리는 영적 목마름을 달래 줄 진정한 위로이신 하느님을 찾는 사람들입니다. 하지만 정작 매일의 일과 중에 곰곰이 헤아려 보면, 하느님을 찾기보다 세속적인 만족과 위로를 찾고 구하는 데 더 많이 매달리며 살고 있지 않나 하는 생각이 듭니다. 빵과 생선이 아니라 오히려 돌과 뱀을 내놓으라고 하느님께 억지를 부리다 지쳐서 하느님을 원망하기도 합니다. 그저 습관적인 타성에 안주하여 신앙 생활을 하는 경우도 많습니다. 구하고 찾고 두드리기는 하는데 그 대상이 올바르지 못해 이제까지의 모든 수고가 헛된 것이 될까 두렵습니다.

　　내 영혼의 목마름을 적셔 줄 수 있는 진정한 영적 양식을 구하고 찾고 두드릴 수 있도록 그분께 분별의 지혜와 올바른 갈망을 청해야겠습니다.

주님,
당신은 제 생명의 주인이시오니,
오로지 당신만을 따르게 하소서.
아멘.

사순 제1주간 금요일

하느님 나라에 들어가려면

오늘의 복음: 마태 5,20-26

"네가 제단에 예물을 바치려고 하다가, 거기에서
형제가 너에게 원망을 품고 있는 것이 생각나거든,
예물을 거기 제단 앞에 놓아두고 물러가
먼저 그 형제와 화해하여라.
그런 다음에 돌아와서 예물을 바쳐라."
(마태 5,23-24)

나의 실천 사항:

때때로 말로 다른 사람에게 상처를 주고 일을 어렵게 만든 경험이 있습니다. 말 한마디에 천 냥 빚도 갚는다지만, 오히려 그 반대의 경우가 더 많습니다. 오늘 복음은 "혀는 날카로운 칼날과 같아서 피를 흘리지 않고도 사람을 죽일 수 있다."라는 옛 격언과 일맥상통합니다. 그렇더라도 예수님의 말씀은 조금 가혹하게 들립니다. 자기 형제에게 "바보, 멍청이!"라고 했다고 불붙는 지옥에 가야 한다니요.

하지만 곰곰이 생각해 보면 우리는 자신의 화나 분노를 순간적으로 주체하지 못해 상대방에게 심한 말을 하면서 미움을 드러낸 경우가 많을 것입니다. 그런 마음으로는 하느님 나라에 결코 들어갈 수 없기에, 예수님께서는 혀를 부리는 우리의 마음결을 더욱 경계하고 잘 다스리라고 엄하게 일깨워 주십니다.

주님, 뜻하지 않게 서로 상처를 입히고
서먹해진 저희에게 찾아와 주소서.
오늘 바치는 이 기도를 그를 위해 봉헌하오니
제가 먼저 다가가 화해를 청할 수 있는
용기를 주시고 축복해 주소서.

사순 제1주간 토요일

하느님 맘 닮기

오늘의 복음: 마태 5,43-48

"하늘의 너희 아버지께서 완전하신 것처럼
너희도 완전한 사람이 되어야 한다."(마태 5,48)

_____
나의 실천 사항:

자기가 좋아하는 사람만 좋아하고, 싫어하는 사람을 멀리하는 일은 누구나 할 수 있습니다. 믿는 사람이든 그렇지 않은 사람이든 이것은 인간의 한계이기 때문입니다. 하지만 이 한계를 극복하려는 것이 신앙생활입니다. 내 마음을 고집해서는 하느님 마음을 알 수 없기 때문입니다. 우리 마음은 변하기 쉽고 불완전하지만, 하느님 마음은 변함이 없으시며 누구라도 품어 주시는 완전한 모습입니다. 그러니 그분을 닮기 위해 우리 마음 씀씀이를 잘 살피고 성찰하는 일은 신앙생활에서 중요합니다.

물론 그것은 쉽지 않습니다. 그러한 어려움을 수반하기에 십자가의 길입니다. 하지만 그분을 닮으려는 열망을 포기하지 않는다면 때때로 '나를 박해하는 사람'(마태 5,44 참조)과 마주치더라도 그는 오히려 우리 자신의 신앙의 깊이와 크기를 시험해 보는 하느님의 메신저가 됩니다.

주님!
제가 호감이 가는 사람이나 잘난 사람,
제게 이로운 사람만 좋아하고
그렇지 않은 사람을 멀리했다면 용서해 주시고,
그러한 감정에 얽매여 살지 않도록
도와주소서.

사순 제2주간

믿음의 길

앞으로 일주일간 매일 실천할 바를 적어 보세요.
다음의 예시에서 선택해도 좋습니다.

사순 제2주간에
실천할 나의 결심

_____

_____

_____

_____

_____

_____

예시

- 미사 시작 20분 전에 성당에 도착하여 마음을 준비합니다.
- 운전 중에 신호를 잘 지킵니다.
- 이웃에 혼자 사는 노인을 찾아가 도와 드립니다.
- 신앙생활에 도움이 될 만한 책을 한 권 정해서 읽습니다.
- 매일 저녁 가족을 위해 묵주 기도를 1단씩 바칩니다.
- 정치인들을 위해 주모경을 세 번 바칩니다.
- 매일 하루를 마치며, 이기적인 행동을 하지는 않았는지 성찰해 봅니다.
- 인터넷을 사용할 때 악플을 달지 않습니다.
- 자녀에게 책을 선물합니다.
- 오늘의 복음을 읽고 침묵 속에서 5분 동안 묵상합니다.
- 이번 주간은 나이를 불문하고 누구에게나 존댓말을 씁니다.

사순 제2주일

얼마나 좋겠습니까!

오늘의 복음: 마태 17,1-9(가해)
　　　　　　마르 9,2-10(나해)
　　　　　　루카 9,28-36(다해)

"이는 내가 사랑하는 아들이니
　너희는 그의 말을 들어라."(마르 9,7)

―――――
나의 실천 사항:

베드로가 나서서 예수님께 "스승님, 저희가 초막 셋을 지어 여기에서 지내면 좋겠습니다."(마르 9,5 참조) 하고 자신의 바람을 이야기하자, 구름 속에서 "그의 말을 들어라."(마르 9,7)라는 소리가 들렸습니다. 그 소리는 안주하려 하는 인간의 연약함을 질책하는 것 같습니다. 또한 수고로움 없이 영광을 누리려는 허황된 생각의 초막을 헐어 버리고 예수님을 따르라는 의미입니다. 비록 그 길이 현실적으로 죽음의 고통이 따르는 십자가의 길이라 할지라도 말입니다. 수난의 고통 없이 부활의 영광은 없기 때문입니다. 영광에 휩싸여 변모를 체험하신 예수님께서는 실상 극도의 고통을 겪으시며 겟세마니에서 밤을 지새우시지만, 예수님의 변모를 보고 감격했던 제자들은 잠에 곯아떨어집니다.

저는 베드로의 모습에서 제 자신을 발견합니다. 예수님을 따르는 사람으로서 죽음의 십자가를 각오하기보다는 그저 더 편안하게 살기를 원하기 때문입니다. 또한 모욕이나 천대가 아니라 대접받고 남이 알아주기를 더 바라기 때문입니다. 이러다가 죽을 때까지 십자가가 아니라 영광을 찾아 헤매는 어리석음을 되풀

이하지 않을까 걱정입니다. 산에서 내려올 때 예수님께서 제자들에게 요구하신 침묵이 무슨 뜻인지 헤아려 봅니다. 지금은 고난의 길을 가야 하므로 영광스러운 변모에 대한 흥분은 가슴속에 묻어 두고, 먼저 현실을 직시하라는 말씀처럼 느껴집니다.

우리도 타보르산의 체험에 비길 수 있는 하느님의 현존 체험, 그분의 위로와 기쁨이라는 선물을 경험합니다. 그러나 냉정한 현실의 삶도 압니다. 반복되는 일상이 지루하고 짊어져야 할 십자가가 너무 무겁게 느껴지기도 합니다. 그러나 제자들과 함께 산을 내려오신 예수님께서 친히 동행자가 되어 주시니 묵묵히 오늘의 수고를 마다하지 않으렵니다.

주님, 허황된 생각으로 엮어진
저의 초막들을 헐어 주소서.
당신과 함께 묵묵히 제게 주어진 이 길을 걷겠습니다.

사순 제2주간 월요일

남에게 해 주는 그만큼

오늘의 복음: 루카 6,36-38

"너희 아버지께서 자비하신 것처럼
 너희도 자비로운 사람이 되어라."(루카 6,36)

_____
나의 실천 사항:

하느님께서는 한없이 자비로우시니까 우리가 잘못해도 대충 넘어갈 수 있지 않을까요? 그런 핑계 때문인지 우리는 부지불식간에 남을 비판하고 단죄하는 일에 쉽게 빠져듭니다. 우리는 자신의 잘못을 용서받고 싶어 하고 또 당연히 용서받으리라 여기면서도, 막상 남을 용서할 마음의 여유는 갖기 힘들어합니다. 그런 우리에게 예수님께서는 남에게 해 주는 그만큼 받을 것이라고 하십니다.

그럼에도 우리는 내가 남에게 어떻게 하는지와 상관없이 하느님께서는 후하게 갚아 주셔야 하지 않느냐고 억지를 부리고 싶은 심정입니다. 내가 행한 것과 내가 받는 것을 결부시키는 것은 주님답지 않다고 따져 묻고도 싶습니다. 하지만 문제는 하느님이 아니라 우리 자신에게 있습니다. 하느님께서 아무리 많이 주시려 해도 그것을 받을 그릇이 너무 작으면 다 받을 수 없기 때문입니다. 남에게 해 주는 그만큼이 바로 내가 받을 선물의 크기입니다.

주님, 오늘 넉넉한 마음으로
이웃을 대하겠습니다.
제 마음의 그릇을
당신께서 손수 넓혀 주소서.

사순 제2주간 화요일

언행이 일치하는 삶

오늘의 복음: 마태 23,1-12

"그러니 그들이 너희에게 말하는 것은
다 실행하고 지켜라.
그러나 그들의 행실은 따라 하지 마라.
그들은 말만 하고 실행하지는 않는다."

(마태 23,3)

나의 실천 사항:

예수님께서 당시 이스라엘의 율법 학자와 바리사이들이 '겉은 화려한데 속은 썩었다'고 질책하십니다. 그들이 말만 하고 실행하지 않으며, 겉으로는 거룩한 척하지만 실상 속은 명예와 권력을 탐하고 권위주의와 위선으로 가득 차 있다는 말씀입니다. 꼭 저를 두고 하신 말씀 같습니다. 제가 사는 꼴이 그들과 별반 다르지 않아 부끄러울 뿐입니다.

예수님께서는 군중과 제자들에게 "너희는 형제들이니 서로 섬겨라."(마태 23,8-11 참조) 하셨는데, 이는 '섬기는 삶'으로의 언행일치가 이루어져야 한다는 뜻입니다. 예수님께서는 말씀과 삶이 조금도 다르지 않으셨습니다. 오직 하느님 아버지의 뜻대로 당신을 낮추시어 인간이 되셨고, 십자가에 못 박히셨습니다. 그래서 그분이야말로 우리의 유일한 스승이십니다. 하지만 우리는 우리의 실제 삶과 알고 있는 것이나 말하는 것 사이의 간격이 큽니다(知行不一致, 言行不一致). 사순 시기는 이러한 불일치의 간격을 들여다보고 바로 고치는 때입니다. 그리고 보니 아직도 가야 할 길이 한참 멀었습니다. 그래서 오늘도 다시 감히 기도합니다. 주님, 이 죄인에게 자비를 베풀어 주십시오!

주님,
당신만을 바라보고
당신만을 의지하며 살게 하소서.

사순 제2주간 수요일

주님과의 약속

오늘의 복음: 마태 20,17-28

"너희는 너희가 무엇을 청하는지 알지도 못한다.
내가 마시려는 잔을 너희가 마실 수 있느냐?"
(마태 20,22)

_____
나의 실천 사항:

제베대오의 두 아들은 의미도 잘 모른 채 덥석 대답합니다. 주님이 마실 잔을 자기들도 마실 수 있노라고 말이지요. 그 잔은 고통과 모욕을 당하고, 천대받다가, 십자가에서 죽게 된다는 것을 뜻했습니다. 또한 종이 되어 남을 섬기는 것을 의미했습니다. 저도 세례 때, 또 사제가 될 때 그렇게 대답했습니다. 주님의 요구가 무엇인지 알고 있으며 그분과 동고동락하겠다고 말입니다.

되돌아보면 "예."라는 대답이 얼마나 혹독한 대가를 요구하는 것이었는지 그때는 그저 어렴풋이만 알았습니다. 주님의 잔을 마시겠다고 장담해 놓고도 딴전을 피우고, 주님과 약속한 사실 자체를 아예 부인하려고도 했습니다. 오늘도 제가 추구하는 잔이, 남이 저를 섬겨 주길 바라는 허영의 잔은 아닌지 반성하게 됩니다.

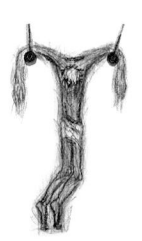

주님,
오늘 그저 "예."라고 대답하게 하소서.
그리고 주님께서 함께해 주소서.

사순 제2주간 목요일

삶의 끝에서 바라보기

오늘의 복음: 루카 16,19-31

"그들이 모세와 예언자들의 말을 듣지 않으면,
죽은 이들 가운데에서 누가 다시 살아나도
믿지 않을 것이다."(루카 16,31)

―――――
나의 실천 사항:

복음에는 부자와 라자로의 비유가 나옵니다. 가난한 라자로는 죽은 후 아브라함의 곁으로 갔습니다. 하지만 부자는 죽어 고통을 받게 됩니다. 고통을 받던 부자는 아브라함에게 라자로를 보내, 형제들에게 경고하여 이 고통스러운 곳에 오지 않게 해 달라고 청합니다. 하지만 아브라함은 그들에게는 모세와 예언자들이 있으니 그들의 말을 들으면 된다고 대답합니다. 그러자 부자는 죽은 이들 가운데에서 누가 가야 형제들이 회개할 것이라고 합니다. 그러나 아브라함은 그들이 모세와 예언자들의 말을 듣지 않으면, 죽은 이들 가운데서 누가 살아나도 믿지 않을 것이라고 합니다. 그 부자의 형제들은 죽은 사람이 살아나도 믿지 않을 만큼 단단히 마음이 닫혀 있던 것입니다.

부자 역시도 생전에 어느 누구에게도 눈길을 주지 않았습니다. 그에게는 오직 세상의 부가 전부였으니까요. 그런 삶의 끝이 어떤 것인지 이 이야기에 잘 암시되어 있습니다. 예수님께서는 사람들이 그와 같은 굴레에 빠지지 않도록 그들의 닫힌 눈과 마음을 열어 주시어 이웃에게 자신을 개방하게 하셨습니다. 예수님을 만난 자캐오가 자기 재산의 절반을 가난한 이들에게 주고, 속여 먹은 것이 있다면 몇 배로 갚겠다는 폭탄선언을 한 것도 그 때문이었습니다.

결국 이웃의 고통을 볼 줄 아는 눈을 갖고, 하느님의 말씀에 귀를 열며, 이웃에게 따뜻한 위로와 나눔의 손길을 내미는 것은, 바로 부활의 신비를 알아볼 수 있도록 우리 마음을 준비하는 것입니다.

주님,
제가 가진 재물과 능력과 시간을
이웃에게 나눔으로써
당신을 맞이하게 하소서.

사순 제2주간 금요일

회개의 기회

오늘의 복음: 마태 21,33-43.45-46

"집 짓는 이들이 내버린 돌
 그 돌이 모퉁이의 머릿돌이 되었네.
 이는 주님께서 이루신 일
 우리 눈에 놀랍기만 하네."(마태 21,42)

나의 실천 사항:

우리의 삶은 하느님께서 선물해 주신 포도밭이고, 우리는 그 밭의 일꾼입니다. 우리도 이러한 비유에 나오는 소작인들처럼, 인생의 주인은 우리 자신이라고 착각하며 하느님께 배은망덕하지 않습니까? 신앙생활은 분명 하느님의 사랑과 은총을 받아 누리라는 그분의 초대이지만, 동시에 '소작료'를 잘 바치지 못하면 포도밭을 잃을 수 있다는 긴장과 두려움을 깨닫게도 합니다.

여기서 말하는 긴장과 두려움이란 무조건 하느님을 무서워하고 멀리하라는 것이 아니라, 그분 앞에서 우리의 부족함과 죄스러움을 자각하는 겸손입니다. 우리가 자신의 처지를 망각하고 회개의 때를 놓친다면 악한 소작인들처럼 결국 포도밭을 빼앗길 수도 있기 때문입니다. 그리고 복음은 그 회개의 기회가 바로 오늘이고 지금이라고 우리를 재촉합니다.

주님, 저를 온전히 바치오니
하느님의 집을 짓는
작은 돌이 되게 하소서.

사순 제2주간 토요일

참사랑에 눈뜨기

오늘의 복음: 루카 15,1-3.11-32

"나의 이 아들은 죽었다가 다시 살아났고 내가 잃었다가 도로 찾았다."(루카 15,24)

나의 실천 사항:

두 아들이 모두 아버지 마음을 모르기는 마찬가지였습니다. 그 둘의 모습이 다 우리 안에 있습니다. 우리는 작은아들처럼 하느님께 자주 등을 돌리기도 합니다. 또 큰아들처럼 하느님의 사랑 속에 살고 있으면서도 그 가치를 알지 못하고 철없이 투정을 부리기도 합니다. 돌아온 작은아들을 안아 주는 아버지의 모습에서 우리는 우리가 돌아가야 할 마음의 고향을 느낍니다. 지금 제가 어떤 처지에 있든 고향은 새롭게 시작할 희망과 용기를 줍니다. "너는 늘 나와 함께 있고 내 것이 다 네 것이다."(루카 15,31)라는 아버지의 말씀에 가슴이 찡합니다. 나에 대한 아버지의 사랑이 이렇게 큰데, 그것도 모르고 송아지 한 마리를 부러워한단 말입니까?

이젠 그만 방황을 접고 작은아들처럼 아버지께 돌아가고 싶습니다. 그리고 그분 사랑에 눈뜬 성숙한 큰아들로 살고 싶습니다.

주님,
제가 아버지의 집에 살고 있음을
깨닫게 해 주시니
감사합니다.

사순 제3주간

희망의 길

앞으로 일주일간 매일 실천할 바를 적어 보세요.
다음의 예시에서 선택해도 좋습니다.

사순 제3주간에 실천할 나의 결심

예시

- 가족에게 사랑과 감사의 표현이 담긴 문자 메시지나 이메일을 보냅니다.
- 거울을 보고 자신을 격려하며 용기를 줍니다.
- 소박한 음식이라도 이웃과 나눕니다.
- 가난한 이들을 위해 화살기도를 바칩니다.
- 길을 묻는 이나 외국인에게 친절하게 대답해 줍니다.
- "제가 할게요."라고 먼저 말합니다.
- 입지 않는 옷, 쓰지 않는 문구, 참고서 등을 필요한 사람에게 줍니다.
- 인간의 욕심 때문에 상처 입은 야생 동물과 자연을 위해 기도합니다.
- 무거운 짐을 들고 가는 노인을 도와주거나 이웃의 짐을 함께 들어 줍니다.
- 시간을 내어 영성 서적을 읽습니다.

사순 제3주일

성전인 우리 마음 지키기

오늘의 복음: 요한 2,13-25(나해)

"이것들을 여기에서 치워라.
 내 아버지의 집을 장사하는 집으로 만들지 마라."
 (요한 2,16)

나의 실천 사항:

주님께서는 세례성사를 통하여 보잘것없는 우리를 당신의 성전으로 삼으셨습니다. 그분은 친히 우리 안에 계시며 우리를 성령으로 채우시고 성체성사를 통하여 끊임없이 당신의 현존을 일깨워 주십니다. 하지만 어리석은 우리는 그 성전을 스스로 더럽혀 "장사하는 집"(요한 2,16)으로 만들곤 합니다. 이웃을 조건 없이 용서하고 사랑하기보다는 먼저 따지고 계산하면서 손해나 유익을 저울질합니다. 우리 안에서 교만, 인색, 질투, 분노, 음욕, 탐욕, 나태라는 일곱 가지 죄의 뿌리가 서로 뒤엉켜, 우리 영혼의 성전을 허물어 버릴 기세로 위협합니다.

주님, 주님께서 성전에서 소와 양과 비둘기를 파는 자들과 환전꾼들을 모두 쫓아내셨듯이, 오늘 제 안에서 제 영혼을 어지럽히는 온갖 죄의 뿌리를 깨끗이 잘라 내 주십시오. 그리하여 새로운 마음으로 제 양심의 제단에서 끊임없이 당신을 찬양하고 예배를 드리게 하십시오. 아멘.

주님,
오늘 제가 하는 모든 일이
당신의 뜻을 이루는 데
도움이 되게 하소서.

신앙의 열매 맺기

복음 묵상: 루카 13,1-9(다해)

"너희도 회개하지 않으면 모두 그처럼
멸망할 것이다."(루카 13,3)

우리는 당장의 고통과 불행이 죄에 대한 벌이라는 생각을 갖기 쉽습니다. 하지만 그런 식이라면, '지금 모든 일이 잘 되어 가는 것은 내가 죄가 없기 때문'이라는 논리가 가능한데, 그건 분명 아닙니다. 이에 대해 예수님께서는 '누구든지 회개하지 않으면 똑같이 멸망할 것'이라고 하시면서, 열매를 맺지 못하는 무화과나무의 비유를 들려주십니다.

비유에 나오는 '무화과나무'는 곧 우리 자신입니다. 과수원에 가 보면 과수원 주인이 과실수들을 얼마나 극진히 돌보는지 알 수 있습니다. 우리가 일생 동안 하느님의 극진한 사랑과 대접을 받는 '과일나무'라는 묵상만 해도 저절로 행복해집니다. 그런 과일나무가 열매를 맺는 것은 당연한 일인데도, 우리의 나약함이 열매 맺기를 어렵게 합니다. 비유에서 '열매'는 곧 회개의 결과입니다. 회개하면 '열매'를 맺을 수 있고, '열매 맺는 것'이 곧 회개입니다.

'올해만 그냥 두시라'는 포도 재배인의 청원이 '우리에게 주어진 시간이 얼마 남지 않음'을 일깨워 줍니다. 그러니 이번 사순 시기에는 단 하나의 '열매'라도 맺고 싶습니다. 묵묵히 저를 기다려 주시는 하느님의 사랑에 대해 미약하더라도 분명하게 응답하고 싶습니다. 하오니 주님! 나약한 저를 도와주십시오.

주님, 제가 회개하여
주님과 가까워질 수 있도록
이끌어 주소서.

마르지 않는 샘물

복음 묵상: 요한 4,5-42(가해)

"내가 주는 물은 그 사람 안에서 물이 솟는 샘이 되어 영원한 생명을 누리게 할 것이다."(요한 4,14)

우리는 누구나 행복을 찾아 '보이지 않는 샘'을 파면서 살고 있습니다. 돈이나 지식, 명예나 권력의 샘을 파기도 하고, 아름다움이나 건강, 능력이나 사랑의 샘을 찾아 일생을 바치기도 합니다. 그러나 그 어떤 것도 우리의 궁극적 갈망을 달래 주지 못합니다.

우리는 세례성사를 통하여 우리의 근원적 갈망을 채워 주실 수 있는 하느님을 만났습니다. 야곱의 우물가에서 예수님을 만난 사마리아 여인처럼 말입니다. 하느님께서는 우리에게 영원한 생명의 물을 주십니다. 하느님께서 마련해 주시는 은총의 샘물은 무한하여 우리가 파 내려가면 갈수록, 바라면 바랄수록, 더 열렬히 목말라하면 할수록 우리를 풍요롭게 해 줍니다. 이것이 바로 우리에게 주시는 하느님의 선물이고, 예수님께서 말씀하신 마르지 않는 마음의 샘물입니다. 우리는 예수님께서 우리의 내적 갈망을 풀어 주실 수 있는 하느님이시라고 이미 고백하고 있습니다. 예수님을 알면 알수록 우리는 그만큼 하느님 안에 깊이 들어갈 수 있습니다.

생명의 물을 주시는 예수님께서 목마르다고 십자가 위에서 말씀하셨습니다. 그분은 우리를 향한 당신의 오롯한 마음을 사람들이 알아주기를 바라십니다. 그리고 우리가 당신 안에서 영원한 생명의 물을 퍼 가기를 원하십니다. 그래서 예수님은 사마리아 여인에게 말씀하셨듯이 오늘도 우리에게 마실 물을 청하십니다. 우리 또한 이웃의 목마름을 채워 줄 수 있는 또 하나의 작은 샘물입니다. 다른 사람도 예수님께서 주시는 생명의 물을 마실 수 있도록 우리가 도울 수 있기 때문입니다.

주님, 당신은 마르지 않는 샘물이시니
제 마음을 촉촉이 적셔 주소서.

사순 제3주간 월요일

그분을 알아볼 수 있도록

오늘의 복음: 루카 4,24-30

"예수님께서는 그들 한가운데를 가로질러 떠나가셨다."(루카 4,30)

나의 실천 사항:

예수님의 고향 사람들은 선입견과 고정 관념에 가득 차 그분을 바라보았습니다. 그러다 보니 예수님께서 전해 주시는 복음을 귀담아들을 수 없었습니다. 그들의 마음이 이미 딱딱하게 굳어 있었기 때문입니다.

사실 이것은 나자렛 사람들만의 이야기가 아닐 것입니다. 우리도 그와 같은 오류에 자주 빠지곤 합니다. 예수님의 말씀에 우리 자신을 비추어 보기보다 자신의 잣대로 예수님의 말씀을 재단하려 한다면 말입니다. 하느님에 대한 나의 알량한 지식과 편견이 오히려 그분과의 만남을 가로막기도 합니다. 그래서 자연 안에서 말씀하시는 그분을 알아보지 못하기도 합니다. 언제나 부드러운 바람처럼 성령을 통해 생생하게 말씀하시는 하느님께 귀 기울일 수 있도록 주님께서 우리의 굳은 마음을 부드럽게 해 주시길 기도합니다.

주님, 당신과 함께 당당히
제 삶을 걸어가고 싶습니다.
오늘 하루를 밝게 비추어 주소서.

사순 제3주간 화요일

한없이 용서하기

오늘의 복음: 마태 18,21-35

"내가 너에게 말한다. 일곱 번이 아니라
일흔일곱 번까지라도 용서해야 한다."

(마태 18,22)

나의 실천 사항:

주님께서는 아무리 큰 죄인이라도 용서하시고 결코 단죄하지 않으십니다. 그러니 제가 어찌 남을 단죄할 수 있겠습니까? 그러나 주님! 일곱 번은 고사하고 단 한 번을 용서하는 일도 저는 너무 힘듭니다. 상처받은 제 자존심이 어떤 관용도 허락하지 않습니다. 그런데 용서하는 일은 일곱 번도 모자란다고 하시니 너무 비현실적인 말씀처럼 들립니다. 용서하는 횟수가 신앙의 깊이를 말해 준다면 제 신앙은 아직 멀기만 할 뿐입니다. 제가 남에게 잘못한 것과 주님께서 저를 용서해 주신 것을 쉽게 잊으면서도, 남이 제게 잘못한 것은 돌에 새겨 두니 말입니다. 무자비한 종의 모습이 따로 없습니다.

주님, 당신처럼 무한히 용서하기란 제 힘만으로는 불가능합니다. 제가 용서해야 할 때마다 부질없는 감정과 자존심을 고집하지 않도록 도와주십시오. 당신께서 도와주시면 용서할 수 있을 것 같습니다.

당신이 저를 용서하신 그 마음으로
저도 오늘 이웃과 화해하고 싶습니다.
주님께서 함께해 주소서.

사순 제3주간 수요일

마음 살피기

오늘의 복음: 마태 5,17-19

"스스로 지키고 또 그렇게 가르치는 이는
 하늘나라에서 큰사람이라고 불릴 것이다."
(마태 5,19)

나의 실천 사항:

예수님께서는 율법의 근본정신을 하느님 사랑과 이웃 사랑으로 요약하셨습니다. 그리고 율법의 완성은 계명을 맹목적으로 따르는 것이 아니라, 하느님과 이웃에 대한 사랑을 실천하는 데 있다고 하셨습니다. 사랑 없이 계명만을 준수한다고 해서 율법은 완성되지 않습니다. 겉으로 드러난 행위보다 보이지 않는 마음이 문제라는 것입니다. 마음은 쉽게 보이지 않습니다. 그래서인지 흔히들 겉모습은 신경 쓰지만, 상대적으로 마음가짐은 소홀히 하곤 합니다.

제 신앙생활도 최소한의 의무 조건을 충족시키는 데만 머물고 있지 않은지 되돌아보게 됩니다. 주일 미사 참례가 그렇고 매일의 기도 생활이 그렇습니다. 물론 아예 하지 않는 것보다는 낫겠지만, 자칫 외화내빈(外華內貧)이 되지 않도록 마음을 살펴보아야겠습니다.

주님,
오늘 다른 이들과 만날 때
당신이 주신 그 눈길로,
그 마음으로 만나게 하소서.

사순 제3주간 목요일

예수님의 작은 치유

오늘의 복음: 루카 11,14-23

"내가 하느님의 손가락으로
 마귀들을 쫓아내는 것이면,
 하느님의 나라가 이미 너희에게 와 있는 것이다."
(루카 11,20)

_____
나의 실천 사항:

구원에 이르는 길이 좁은 길이라면, 우리는 세상에서 넓고 편안한 길을 선택하도록 끊임없는 유혹을 받습니다. 그 유혹은 돈·섹스·권력·명예일 수도 있고, 약물·술·도박일 수도 있습니다. 자신의 의지와는 반대로 자꾸 이런 것들에 집착하고 중독된다면, 스스로 깨닫고 멀리하도록 노력해야 합니다. 이런 유혹을 물리칠 때마다 우리 안에는 예수님의 구마 기적이 조용히 이루어지지요. 우리는 나쁜 습관 한 가지, 집착 한 가지를 떨쳐 내려는 노력을 통해 우리를 해방시켜 주시는 예수님의 치유를 확인할 수 있습니다.

우리가 주님의 정신으로 무장하고 거듭나기 위해 끊임없이 노력하는 것은, 바로 오늘 복음이 강조하는 대로 '예수님 편에 서는 행동'이고 '그분과 함께 모아들이는 행동'입니다(루카 11,23 참조).

주님, 당신 편에 서는 것은
작은 십자가라도 기꺼이 지고
나서는 것임을 오늘 깨닫습니다.
이러한 깨달음을 주셔서
진심으로 감사합니다.

사순 제3주간 금요일

한결같은 사랑

오늘의 복음: 마르 12,28-34

"너는 마음을 다하고 목숨을 다하고
정신을 다하고 힘을 다하여
주 너의 하느님을 사랑해야 한다."
(마르 12,30)

나의 실천 사항:

하느님 사랑과 이웃 사랑은 같은 계명의 양면입니다. 하느님 사랑은 이웃 사랑으로 드러날 수밖에 없기 때문입니다. 이웃을 미워하면서 하느님을 사랑할 수는 없습니다. 문제는 사랑을 아는 것에서 그치는 것이 아니라 실천해야 한다는 것입니다. 그러나 막상 사랑을 실천하기가 어려울 때가 많습니다.

그런데 사랑의 계명에 감추어진 신비는, 우리가 먼저 하느님의 사랑을 깊이 체험하고 받아 누리는 것에 있습니다. 그럴 때에는 사랑의 계명이 더 이상 의무로 느껴지지 않습니다. 그분의 사랑이 우리의 굳어진 마음에 스며들어 와 우리를 부드럽게 해 주면, 우리는 사랑하지 않고서 견딜 수 없기 때문입니다. 이처럼 하느님과 이웃에 대한 사랑의 실천보다 우리에 대한 하느님의 한결같은 사랑을 깨닫는 것이 선행되어야 합니다. 특별히 내적 침묵과 기도는 우리가 하느님의 사랑을 맛보고, 그분한테서 오는 기쁨을 체험할 수 있도록 우리의 영적 감수성을 열어 줍니다.

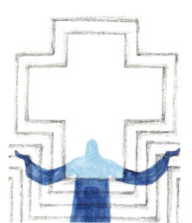

주님,
제 안에 당신 사랑의 불을 놓으소서.
오늘 그 사랑의 불로
이웃을 사랑하게 하소서.

사순 제3주간 토요일

마음을 보시는 분

오늘의 복음: 루카 18,9-14

"누구든지 자신을 높이는 이는 낮아지고
자신을 낮추는 이는 높아질 것이다."

(루카 18,14)

나의 실천 사항:

바리사이의 선행 자체는 옳았지만, 그걸 내세우려는 그의 마음 자세가 문제였습니다. 예수님께서도 세리나 죄인들의 행위 자체를 두둔하시려 하진 않았습니다. 다만 진심으로 자기 죄를 뉘우치고 스스로를 낮추는 그들의 마음을 보신 것입니다.

저도 바리사이처럼 함정에 자주 빠집니다. 적어도 바리사이처럼 교만하지는 않으리라 스스로를 위로하면서 또 다른 식으로 바리사이의 기도를 바치곤 합니다. 그러면서도 얼마나 자주 제가 가진 어떤 것이나 제가 행한 어떤 업적과 성과 뒤에 숨으려고 했는지 모릅니다. 하느님께서는 스스로를 높이는 자에게 당신의 모습을 감추시지만, 우리가 스스로를 낮출 때 우리에게 내려오십니다. 세리는 "하늘을 향하여 눈을 들 엄두도 내지 못할"(루카 18,13 참조) 정도로 진심으로 통회하고 뉘우쳤습니다. 저는 오늘 그 마음을 닮고 싶습니다.

주님,
제가 스스로를 높이고 싶은
마음이 들 때
그 마음을 저에게서 가져가 주소서.

사순 제4주간

가난의 길

앞으로 일주일간 매일 실천할 바를 적어 보세요.
다음의 예시에서 선택해도 좋습니다.

사순 제4주간에 실천할 나의 결심

예시

· 집 안을 깨끗하게 청소합니다.
· 싫어하는 반찬이 있어도 맛있게 먹습니다.
· 냉담하는 가족이 있다면 그와 신앙에 대해 대화합니다.
· 이번 주간은 술을 마시는 대신 식사를 하거나 차를 마십니다.
· 다른 사람의 실수나 잘못을 사랑으로 용서합니다.
· 외출할 때 대중교통을 이용합니다.
· 이번 주간은 시끄러운 곳에 가지 않고 조용한 곳에서 지냅니다.
· 내 안에 있는 교만한 부분을 성찰하고 반성합니다.

사순 제4주일

참되게 믿는 사람으로 거듭나기

오늘의 복음: 요한 3,14-21(나해)

"하느님께서는 세상을 너무나 사랑하신 나머지
 외아들을 내주시어, 그를 믿는 사람은
 누구나 멸망하지 않고
 영원한 생명을 얻게 하셨다."(요한 3,16)

―――――
나의 실천 사항:

누군가를 만나서 한 사람의 인생이 바뀐다면 어떨까요? 그런 만남은 굉장히 중요한 만남일 것입니다. 예수님을 찾아가서 만났던 니코데모의 경우도 그랬습니다. 그는 바리사이이고 최고 의회 의원이며 이스라엘의 스승이었습니다. 그런데 그는 예수님의 등장에 마음이 움직였습니다. 그런 니코데모에게 예수님께서는 "믿는 사람은 누구나 사람의 아들 안에서 영원한 생명을 얻게 하려는 것이다."(요한 3,15 참조)라고 말씀하셨습니다. 니코데모가 예수님의 장례 때 "몰약과 침향을 섞은 것을 백 리트라쯤"(요한 19,39) 가져온 것을 보면, 그는 이미 '믿는 이들' 속에 있었다고 짐작됩니다.

오늘 이 시대에 저도 또 한 명의 '니코데모'이고 싶습니다. 예수님께서 제 삶에도 깊숙이 들어와 저를 만나 주시도록 말입니다. 그 만남이 저를 멸망과 심판이 아니라 구원과 영원한 생명으로 이끌 것을 믿습니다. 죽는 날까지 그분을 '참되게 믿는 사람'으로 살 수 있는 은총을 청하고 싶습니다.

주님, 제가 참된 믿음을 갖게 하시어,
구원과 영원한 생명으로
나아가게 하소서.

사랑과 자비의 하느님

복음 묵상: 루카 15,1-3.11-32(다해)

"아버지가 그를 보고 가엾은 마음이 들었다.
 그리고 달려가 아들의 목을 껴안고 입을 맞추었다."
(루카 15,20)

작은아들이 집을 나가 있는 동안 아버지가 얼마나 고통스럽고 눈물로 가득 찬 세월을 보냈을지 상상이 갑니다. 세상 물정도 모르고 철없는 아들이 겁 없이 집을 나간 후 어떤 고통을 겪을지 아버지는 이미 훤히 알고 있었습니다. 그러기에 아버지의 마음의 고통이 그만큼 더 컸을 것입니다. 인간의 죄 때문에 마음 아파하시는 하느님의 모습도 이와 같지 않겠습니까?

작은아들이 아버지에게 돌아와 자신의 죄를 고백하고 용서를 빌기도 전에, 이미 아버지는 아들을 용서하고 있었습니다. 아들의 말을 들어 볼 것도 없었습니다. 아들이 집으로 돌아온 그 자체가 이미 아버지에게는 최고의 기쁨이자 안심이었습니다. 그래서 아버지는 먼저 달려가 아들의 목을 껴안고 입을 맞추었던 것입니다. 인간의 회개를 기다리시는 하느님도 이와 같으시지 않겠습니까? 이미 그분은 우리를 맞이할 모든 준비를 다 마치고 기다리십니다. 남은 것은 우리의 결단뿐입니다.

하느님의 한없는 사랑과 자비의 마음을 묵상하며 오늘 하루 행복에 젖고 싶습니다. 저를 무한히 사랑해 주시는 하느님! 그 사랑과 자비에 감사합니다. 아멘.

주님, 제가 하느님의 크신
사랑과 자비를 깨닫고
저도 이웃에게 사랑과 자비를
실천하도록 이끌어 주소서.

거저 받은 사랑

복음 묵상: 요한 9,1-41(가해)

"내가 이 세상에 있는 동안 나는 세상의 빛이다."
(요한 9,5)

태어나면서부터 눈먼 이를 예수님께서 고쳐 주셨습니다. 그가 눈을 뜰 만한 무슨 공덕을 쌓은 것은 아니었습니다. 이는 순전히 하느님의 자비와 사랑에 의한 것이었습니다. 예수님께서 공생활 3년 동안 하신 일은 오직 하느님의 사랑을 선포하시는 것이었습니다. 눈먼 이를 치유해 주신 것 역시 사랑을 선포하신 것입니다. 우리 역시 뭔가 사랑받을 만한 업적을 쌓은 덕분에 그분의 사랑을 받는 것이 아닙니다. 자녀에 대한 부모의 사랑처럼 그분의 사랑을 무상으로 거저 받습니다. 우리는 하느님의 소중한 자녀입니다. 우리가 신앙생활을 통해 해야 할 가장 중요한 일은 하느님의 사랑을 받고 있음을 깨닫는 일입니다.

초대 교회 신자들은 세례를 받으면 영적으로 눈을

뜬다 하여, 세례를 눈먼 이의 치유에 비유하였습니다. 하느님을 모른다면 보아도 보는 것이 아니라는 뜻입니다. 세례를 통해 하느님의 빛이 우리를 비추면, 우리는 진정으로 볼 수 있고, 그분을 길이요, 진리요, 생명이시라고 고백하게 됩니다. 눈먼 이가 바리사이들의 험악한 윽박지름 속에서도 주님의 놀라운 업적을 고백할 수 있었던 것도 그 때문이었나 봅니다.

세례를 받은 우리도 눈먼 이처럼 이미 눈을 뜨게 된 사람들입니다. 하지만 눈먼 이와 같은, 기쁨에 찬 고백을 하지 못할 때가 많습니다. 그분이 우리의 눈을 뜨게 해 주셨다는 것을 아직 다 깨닫지 못했기 때문일 것입니다. 그런 점에서 우리는 아직 완전히 눈을 뜨지 못했습니다. 하느님의 빛은 이미 우리를 둘러싸고 환히 비추고 있습니다. 그분의 사랑을 온전히 깨달아 우리의 눈이 완전히 뜨이도록 눈먼 이처럼 주님 앞에 꿇어 엎드리렵니다. "주님, 믿습니다."

주님, 당신이 베푸신 사랑을 온전히 깨달아
이웃을 위한 사랑으로 눈뜨게 하소서.

사순 제4주간 월요일

조건 없는 신뢰

오늘의 복음: 요한 4,43-54

"그 왕실 관리는 예수님께
'주님, 제 아이가 죽기 전에 같이 내려가 주십시오.'
하고 말하였다.
그러자 예수님께서 그에게 말씀하셨다.
'가거라. 네 아들은 살아날 것이다.'
그 사람은 예수님께서
자기에게 이르신 말씀을 믿고 떠나갔다."
(요한 4,49-50)

나의 실천 사항:

아들을 살려 달라는 왕실 관리에게 예수님께서는 "너희는 표징과 이적을 보지 않으면 믿지 않을 것이다."(요한 4,48) 하고 냉정하게 말씀하십니다. 그래도 그는 아랑곳하지 않고 오직 예수님만을 바라보았습니다. 그리고 마침내 아들이 살 것이라는 예수님의 말씀을 믿고 집으로 향했습니다. 우리는 그에게서 믿음이 어떻게 자라나고 깊어질 수 있는지를 배웁니다. 그것은 주님을 향한 조건 없는 신뢰입니다. 예수님의 무엇 때문이 아니라 그분의 현존 자체가 우리의 갈망을 채워 준다고 믿는 것입니다.

제가 바라는 방식대로 되지 않으면 실망하여 주님을 원망하고 의심했던 일이 부끄럽습니다. 그 왕실 관리처럼 아무런 담보가 없어도, 현실이 아무리 어렵고 앞일이 불투명해도, 주님의 말씀만을 믿으며 살고 싶습니다. 그분이 여기 계시고, 그분만이 저의 구원자시라는 그의 믿음을 본받고 싶습니다.

주님, 당신께 믿고 맡겨야 하는 순간들이
삶을 회피하는 것처럼 보일까 봐
두려울 때가 있습니다.
그래도 오늘은 당신의 말씀을 믿고 당신께 맡깁니다.

사순 제4주간 화요일

낫고 싶습니다

오늘의 복음: 요한 5,1-16

"예수님께서 그에게 말씀하셨다.
'일어나 네 들것을 들고 걸어가거라.'
그러자 그 사람은 곧 건강하게 되어
자기 들것을 들고 걸어갔다.
그날은 안식일이었다."(요한 5,8-9)

나의 실천 사항:

예수님은 38년 동안이나 앓아 온 병자에게 낫기를 원하느냐고 질문하셨습니다. 이는 너무나 당연한 사실을 물으시는 것이라 좀 엉뚱하게도 들립니다. 하지만 그 병자는 오랜 세월 동안 연못가에서 생활해 오면서, 자기도 모르게 남의 도움만을 바라고 살아왔는지도 모릅니다. 그래서 그 질문은 예수님이 치유에 대한 그 병자의 의지를 다시 한번 일깨우는 말씀을 하신 것으로 들립니다. 병자에게 낫고자 하는 의지가 있다면, 직접 일어나 요를 걷어들고 걸어가라는 의미입니다.

우리가 낡은 생활을 청산하고 정말 회개하기를 원하는지, 그분은 우리 각자에게도 같은 질문을 던지십니다. 물론 우리의 힘만으로는 나을 수 없기에 주님의 도움이 필요하지만, 스스로 노력하지 않으면서 그저 막연히 뭔가 고쳐지고 변화되기만을 바란다면 주님도 도와주실 수 없기 때문입니다.

주님! 당신을 닮고자 하는 제 간절함이
혹 다른 무언가를 숨기기 위한
위선이 아닌지 곰곰이 생각해 봅니다.
그런 저의 위선까지도 낫기를 원합니다.

사순 제4주간 수요일

하느님의 뜻을 이루기 위해

오늘의 복음: 요한 5,17-30

"아버지께서는 아들을 사랑하시어
 당신께서 하시는 모든 것을
 아들에게 보여 주신다."(요한 5,20)

나의 실천 사항:

예수님의 관심사는 오직 하느님의 뜻을 이루는 것이었습니다. 그분의 생각과 말씀과 행동은 그대로 하느님을 보여 줍니다. 그러기에 예수님의 말씀을 듣고 그대로 따르는 사람은 영원한 생명을 얻습니다. 우리도 예수님처럼 하느님의 자녀가 되었으니, 일생 동안 하느님의 뜻을 이루기 위해 살아가야 합니다. 이미 세례 때 우리는 나 자신에 대해 죽고 하느님의 뜻만을 따라 살기 위하여 새로 태어났습니다.

그러니 우리가 하느님의 뜻을 묻고 찾으며 그에 비추어 자신을 반성하고 끊임없이 노력하는 것은 당연합니다. 하지만 이제까지 하느님의 뜻보다 내 뜻, 나의 계획과 집착을 고집하며 살아왔음을 부인할 수 없습니다. 이번 사순 시기에는 예수님 대신 나 자신을 십자가에 못 박고 싶습니다. 나의 이기심과 자존심, 낡은 생활 방식을 그렇게 하고 싶습니다.

사순 시기를 시작하면서 세운 결심을
다시 한번 되새기며 당신께 마음을 엽니다.
주님, 이렇게 늘 함께해 주시니
감사합니다.

사순 제4주간 목요일
원본이신 예수님 알아보기

오늘의 복음: 요한 5,31-47

"너희가 모세를 믿었더라면 나를 믿었을 것이다.
그가 나에 관하여 성경에 기록하였기 때문이다."
(요한 5,46)

나의 실천 사항:

요한 세례자와 모세는 예수님을 증언한 예언자들입니다. 예수님께서 원본이시라면 그들은 복사본이지요. 누구라도 원본을 더 소중히 여기는 것은 당연합니다. 그런데 예수님의 반대자들은 복사본을 보면서도 원본은 몰라봅니다. 빛 자체이신 분은 몰라보고 빛이 반사된 거울만 섬기는 형국입니다.

해박한 성경 지식과 깊은 신심을 지녔던 율법 학자들과 바리사이들이 정작 성경에서 말하는 예수님은 배척했습니다. 그런데 그것은 비단 그들만의 얘기가 아닙니다. 우리가 인생에 기쁨, 보람, 행복을 더해 주는 수많은 물건이나 일이나 사람에 관심을 기울이고 시간을 투자하면서도, 정작 그 모든 것의 원천이신 예수님을 몰라본다면 말입니다. 성경이나 교리, 순교자들과 영성가들의 교훈을 통해 예수님에 관해 많은 지식을 쌓으면서도 진심으로 예수님을 마음에 모셔 들이지 않는다면, 우리도 복사본에 열광하는 어리석은 사람일 뿐입니다.

예수님!
가끔은 원본이신 당신보다 복사본이 주는
기쁨이 더 크게 느껴질 때가 있습니다.
하오나 변하지 않는 모습으로 오래오래
삶에 힘과 용기를 주시는 분은
당신이심을 잘 알고 있습니다.
주님, 당신을 사랑합니다.

사순 제4주간 금요일

의심과 믿음 사이에서

오늘의 복음: 요한 7,1-2.10.25-30

"나는 나 스스로 온 것이 아니다.
나를 보내신 분은 참되신데
너희는 그분을 알지 못한다.
나는 그분을 안다. 내가 그분에게서 왔고
그분께서 나를 보내셨기 때문이다."(요한 7,28-29)

나의 실천 사항:

유다인들이 죽이려고 찾는 사람은 바로 예수님이었습니다. 하지만 그분께서 사람들 앞에서 가르치며 큰 소리로 말씀하시는데도, 아무도 그분께 손을 대지 않았습니다. 그분의 말씀을 듣는 예루살렘 사람들은 예수님의 출신 배경을 잘 알고 있었습니다. 그래서 사람들은 저마다 예수님이 누구신지 자신의 의견을 이야기하며 혼란스러워했지만 아무도 확실하게 말해 주지 않았습니다.

예루살렘 사람들처럼 우리도 불확실한 믿음 때문에 방황하지는 않습니까? 우리는 예수님을 주님으로 믿어야 할지, 혹시 그분에 대한 믿음이 헛된 것은 아닐지 의심하기도 합니다. 그래서 구체적이고 확실한 증거를 원합니다. 그러나 믿음은 그런 것이 아닙니다. 믿는다는 것은 비록 의심이 우리를 괴롭힌다 하더라도 주님의 말씀대로 우리 삶을 전적으로 투신하는 것입니다. 그래야만 비로소 그분이 누구신지 온전히 알 수 있습니다.

예수님,
저는 당신을 저의 주님으로 믿습니다.
저에게 믿음을 더하여 주소서.

사순 제4주간 토요일

진짜 예수님 만나기

오늘의 복음: 요한 7,40-53

"그분처럼 말하는 사람은
 지금까지 하나도 없었습니다."
(요한 7,46)

_____
나의 실천 사항:

사람들은 예수님이 누구신지에 대해 두 부류로 나뉘어 말했습니다. 첫째 부류는 대사제들과 바리사이처럼 아는 것이 병이 된 사람들이고, 둘째 부류는 예수님을 직접 만나 체험한 사람들로 성전 경비병들과 니코데모가 여기에 해당됩니다. 경비병들은 예수님을 직접 보고 "그분처럼 말하는 사람은 지금까지 하나도 없었습니다."(요한 7,46)라며 감탄했고, 한밤중에 예수님을 찾아와 오랫동안 대화를 나눴던 니코데모도 예수님을 두둔했습니다. 그러나 대사제들과 바리사이들은 자신들의 지식을 근거로 예수님을 판단했습니다.

그때나 지금이나 예수님이 누구신지에 관한 물음은 지식만으로 해결될 수 없습니다. 그것은 예수님과 함께하는 것을 통해서만 해결될 수 있기 때문입니다. 우리는 어느 방식을 택하고 있습니까? 죽은 지식입니까, 아니면 생생한 만남입니까? 살아 있는 그분의 말씀은 오늘도 우리를 기도와 성사에 초대합니다.

주님!
당신을 알고 싶고,
만나고 싶고, 사랑하고 싶습니다.
기도와 성사를 통한 당신의 초대에
오늘은 제 마음을 다해 응답하고 싶습니다.

사순 제5주간

순명의 길

앞으로 일주일간 매일 실천할 바를 적어 보세요.
다음의 예시에서 선택해도 좋습니다.

사순 제5주간에
실천할 나의 결심

_____

_____

_____

_____

_____

_____

예시

· 길을 걸을 때 마음대로 걸어 다닐 수 없는
  장애인들을 생각하며 화살기도를 바칩니다.
· 소외되거나 고통받는 이웃을 방문하거나 그들을 위해 기도합니다.
· 은혜를 입은 고마운 분께 감사의 편지를 씁니다.
· 가난한 이들을 위해 나눔을 실천합니다.
· 배우자의 이야기를 귀 기울여 들어 주고 서로 안마해 줍니다.
· 대중교통을 이용할 때 노약자와 임산부에게 자리를 양보합니다.
· 현관에 어지럽게 널려 있는 신발을 정리합니다.
· 온 가족이 함께 가정의 성화와 일치를 위해 저녁 기도를 바칩니다.
· 시부모님, 장인·장모님에게 안부 전화를 합니다.
· 가족과 함께 성지 순례를 다녀옵니다.

사순 제5주일
아버지의 이름을 영광스럽게

오늘의 복음: 요한 12,20-33(나해)

"이제 제 마음이 산란합니다.
 무슨 말씀을 드려야 합니까?
 '아버지, 이때를 벗어나게 해 주십시오.'
 하고 말할까요?
 그러나 저는 바로 이때를 위하여 온 것입니다.
 아버지, 아버지의 이름을 영광스럽게 하십시오."
 (요한 12,27-28)

나의 실천 사항:

주님도 많이 힘드셨나 봅니다. 당신의 속내가 오늘 복음에 살짝 비친 듯합니다. 누구에게나 죽는 것, 목숨을 바치는 것은 참으로 어렵습니다. 고통과 십자가를 피할 수만 있다면 솔직히 그렇게 하고 싶습니다. 예수님께서도 그러하셨습니다. 하지만 그분은 그 죽음의 길을 결국 가셨습니다. 그분은 아셨습니다. 그것이 곧 아버지의 이름을 영광스럽게 하는 것임을 말입니다. 그래서 아버지께 이렇게 순종하셨습니다. "아버지, 아버지의 이름을 영광스럽게 하십시오."(요한 12,28)

이 기도를 저의 기도로 삼고 싶습니다. 이 기도 속에는 어떤 고통을 받더라도 아버지께 순종하겠다는 결단과 봉헌이 담겨 있기 때문입니다. 물론 예수님처럼 저도, 제가 많이 힘들 때마다 아버지께 기도로써 달려가 하소연하는 일을 멈추지 않겠습니다. 그분이 바로 저의 아버지시기 때문입니다.

다해 복음 및 묵상은 가해 · 나해의 사순 제5주간 월요일 복음 및 묵상과 동일합니다(164~167쪽 참조).

주님, 제가 여기 있습니다.
저를 당신의 도구로 써 주소서.
아버지의 이름을 영광스럽게 하는 데에
저를 써 주소서.

영원히 사는 비결

복음 묵상: 요한 11,1-45(가해)

"라자로야, 이리 나와라."(요한 11,43)

죽었던 라자로가 살아났지만 그도 언젠가는 다시 죽어야만 할 운명입니다. 죽음은 모든 인간의 공통된 운명이기 때문이지요. 그렇다면 "나는 부활이요 생명이다. 나를 믿는 사람은 죽더라도 살고, 또 살아서 나를 믿는 모든 사람은 영원히 죽지 않을 것이다."(요한 11,25-26)라는 예수님의 말씀은 도대체 무슨 뜻일까요?

영원히 산다는 것은 우리의 육신 그대로 기존의 시간과 공간에서 무한히 사는 것이 아닙니다. 영원이란 말은 시간을 단순히 수평적으로 연장한 것이 아닙니다. 그것은 하느님의 차원을 말합니다. 하느님만이 영원하시기에 영원과 하느님은 동의어입니다. 그렇다면 하느님을 믿고 그분과 일치된 삶은 죽음으로도 끝나지 않는 영원한 삶일 수밖에 없습니다. 그래서 예수님께서는 살아서 믿어야 한다고 말씀하십니다. 지금

기회가 있을 때 우리 마음을 돌려 그분을 믿고 그분과 하나 될 수 있는 길을 찾아야 한다는 것입니다. 이 세상에서 하느님과 함께 사는 것이 영원히 사는 비결입니다.

하지만 오늘도 우리는 하느님과 일치할 수 없도록 스스로 높은 장벽을 쌓고 그 안에 갇혀 삽니다. 교만, 인색, 질투, 분노, 음욕, 탐욕, 나태라는 일곱 가지 죄의 굵은 뿌리가 우리를 휘감고 있습니다. 주님을 따를 수 없는 생활은 깜깜한 무덤 속 생활과 같습니다. 이 세상에서 하느님과 일치하며 산다는 것이 아득히 멀게 느껴집니다. 그러나 우리는 낙심하지 않습니다. 라자로의 소생 이야기를 통해 주님께서는 우리를 죄의 무덤에서 불러내 해방시켜 주겠다고 언약하셨기 때문입니다.

저를 죄의 무덤에서 소생시켜 주시는 주님, 감사합니다. 그런 당신의 사랑이 있기에 오늘도 당신과 함께하는 희망을 가지며 영원히 사는 삶의 지혜를 청합니다.

사순 제5주간 월요일

자비의 잣대

오늘의 복음: 요한 8,1-11(가해 · 나해)

"나도 너를 단죄하지 않는다.
가거라. 그리고 이제부터 다시는 죄짓지 마라."

(요한 8,11)

나의 실천 사항:

율법 학자들과 바리사이들이 간음하다 잡힌 여인을 예수님께 데려와 단죄할 것을 요구합니다. 하지만 예수님은 "너희 가운데 죄 없는 자가 먼저 저 여인에게 돌을 던져라."(요한 8,7 참조)라고 하십니다. 그러자 나이 많은 사람부터 하나둘씩 모두 자리를 떠났습니다.

그들은 저보다 더 솔직하고 하느님을 두려워하는 사람들입니다. 저는 예수님의 이러한 말씀에도 아랑곳하지 않고 돌을 들고 버티고 서 있는 제 모습을 발견하기 때문입니다. 우리는 자기 자신에게는 자주 관대하면서도 남에게는 엄격한 이중 잣대를 사용합니다. 그래서 남의 잘못을 보면 즉시 비난의 돌을 집어 듭니다. 하지만 만약 우리가 나 자신과 남에게 모두 같은 잣대를 적용했다면, 남을 단죄하는 칼날 같은 잣대를 그리 쉽게 쓸 수는 없을 것입니다. 죄인에게 자비로우신 예수님은 죄 없이 십자가의 길을 가셨습니다.

주님, 이해할 수 없고,
받아들이기 어려운 일이 닥쳐오더라도
저는 평화와 기쁨을 누립니다.
제 마음은 당신을 향하고 있기 때문입니다.
주님, 감사합니다.

빛으로 오신 주님

복음 묵상: 요한 8,12-20 (다해)

"나는 세상의 빛이다. 나를 따르는 이는 어둠 속을 걷지 않고 생명의 빛을 얻을 것이다."(요한 8,12)

예수님을 주님으로 고백하고 그분의 말씀대로 살면, 우리 안에서 기쁨이 샘솟게 됩니다. 성경 말씀 한마디 한마디는 우리 마음의 어두움을 몰아내고, 영혼을 주님께로 불타오르게 하는 불쏘시개입니다. 그분의 말씀을 경청하기 위해 성경을 펼칠 때마다, 주님의 빛으로 우리의 영혼이 밝아지는 신비를 만날 수 있습니다. 주님께서는 그 말씀 안에서 우리의 어둠을 몰아내는 빛이 되시어 우리에게 친히 오십니다.

사순 시기는 우리 영혼 구석구석에 깃들인 죄의 그늘을 주님의 빛으로 치우는 때입니다. 그래서 교회는 특별히 이 시기에 우리를 고해성사로 초대합니다. 우리를 옴짝달싹 못하게 하는 죄의 사슬을 끊어 버리고, 우리가 하느님 안에서 온전한 자유와 해방을 누릴 수 있도록 하기 위한 것입니다.

　　주님, 저에게 죄를 뉘우치고 다시 일어설 수 있는 용기를 주시어, 생명의 빛이신 주님을 영접할 수 있게 하소서. 아멘.

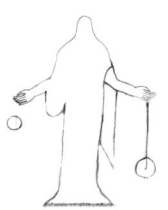

주님, 성경 말씀을 자주 읽고 묵상하여
제 마음속에 깃든 어둠을 몰아낼 수 있도록
은총을 내려 주소서.

사순 제5주간 화요일

예수님을 만나는 십자가

오늘의 복음: 요한 8,21-30

"당신이 누구요?"(요한 8,25)

_____
나의 실천 사항:

"너희는 아래에서 왔고 나는 위에서 왔다. 너희는 이 세상에 속하지만 나는 이 세상에 속하지 않는다." (요한 8,23) 사람들이 예수님을 알아보지 못한 것이 당연했는지도 모릅니다. 그분은 완전하시나 우리는 불완전합니다. 그분은 구세주로 오셨지만 우리는 자칫 그분을 놓칠지도 모릅니다. 그분은 온전히 하느님과 일치해 사셨지만 우리는 그분을 자주 배반합니다. 그분이 누구신지 극명하게 드러난 것은 십자가 상에서입니다. 그분의 십자가는 그분과 우리 사이의 근원적 간격을 뛰어넘게 해 줍니다.

우리 삶의 여정에도 짊어져야 할 십자가가 무수히 많습니다. 어쩌면 인생 전체가 하나의 커다란 사순 시기인 셈이지요. 그런데 우리가 지는 십자가에 예수님께서 함께 못 박히십니다. 아니, 우리를 대신해서 십자가에 못 박히십니다. 그래서 우리의 십자가는 우리가 예수님을 만나는 구원의 십자가입니다.

제 십자가에 저와 함께 못 박히시는 주님,
저희가 그 신비를 깨달아 십자가를 통해
구원의 길로 나아가게 하소서.

사순 제5주간 수요일

마음에 새겨진 말씀

오늘의 복음: 요한 8,31-42

"너희가 내 말 안에 머무르면
참으로 나의 제자가 된다."(요한 8,31)

나의 실천 사항:

제자 됨의 기준은 그분 말씀을 얼마나 마음에 새기고 사는지에 달려 있습니다. 아무리 신앙생활을 오래 했어도 우리 마음에 그분의 말씀을 새겨 두지 않았다면 우리는 그분의 제자가 아닙니다. 우리는 오늘 독서에서 불가마 속 세 청년이 하느님의 제자가 되는 모습을 봅니다. 그들은 어떤 시련의 불길도 마음에 새겨진 하느님의 말씀을 지울 수 없다고 증언합니다(다니 3,14-20.91-92.95 참조).

돌이켜 보니, 저는 스스로를 주님의 제자라고 하면서도 그분 말씀을 얼마나 마음에 새기고 살아왔는지 자신이 없습니다. 하루에 몇 번이나 주님의 말씀을 떠올리며 그 말씀의 의미와 실천 방안을 고민했는지, 또 말씀대로 잘 살지 못할 때 얼마나 마음 아파했는지 생각해 봅니다. 이번 사순 시기에는 그분의 말씀을 한마디라도 더 마음 깊이 새겨 두고 싶습니다.

주님, 제 안에 당신 말씀을 깊이 새겨
말씀 안에서, 말씀과 더불어, 말씀을 따라
살아가게 하소서.
당신은 저의 길이요, 진리요, 생명이십니다.

사순 제5주간 목요일

하느님의 권위

오늘의 복음: 요한 8,51-59

"내 말을 지키는 이는
 영원히 죽음을 보지 않을 것이다."(요한 8,51)

나의 실천 사항:

유다인들에게 아브라함은 대단히 권위 있는 존재였습니다. 하느님의 말씀만 믿고 미지의 길에 자신의 삶을 다 걸었으니까요. 그는 신앙의 조상으로 불리기에 손색이 없습니다. 그렇기에 "아브라함이 태어나기 전부터 있었다."(요한 8,58)라는 예수님의 말씀은 유다인들에게는 조상에 대한 모욕이고, 동시에 신성 모독이었습니다. 그래서 그들은 돌을 집어 듭니다. 그러나 하느님이신 예수님께 신성 모독이라는 이유로 돌을 든다는 것 자체가 모순입니다. 아브라함이라는 인간의 권위는 하느님의 권위 앞에서 아무것도 아니기 때문입니다.

그러나 유다인들은 인간의 권위에 걸려 넘어집니다. 그래서 그들은 아브라함이 갈망했던, 하느님의 약속이 예수님을 통해 실현됨을 보지 못합니다. 하느님 앞에서 자기 확신이나 자기주장조차 포기할 수 있을 때 진정으로 믿을 수 있고, 또 그렇게 믿는 자만이 생명을 얻을 수 있습니다.

주님, 저를 비우고 또 비워
당신의 참된 권위 앞에
깊이 머리 숙이게 하소서.
그것만이 생명을 얻는 길임을
나날이 깨우치게 하소서.

사순 제5주간 금요일

강생의 신비

오늘의 복음: 요한 10,31-42

"아버지께서 내 안에 계시고
 내가 아버지 안에 있다는 것을
 너희가 깨달아 알게 될 것이다."(요한 10,38)

나의 실천 사항:

예수님이 하느님 행세를 하며 신성 모독을 했다고 유다인들은 또 돌을 집어 들었습니다. 당시 상황에서는 그렇게 행동할 수도 있겠다 싶습니다. 예나 지금이나 하느님께서는 하느님이시고, 인간은 인간입니다. 하느님과 인간은 본질적으로 다릅니다. 인간이 아무리 훌륭해도 하느님이 될 수는 없습니다. 그런데 예수님 안에서는 하느님이 인간이 되셨습니다. 그것이 강생의 신비입니다.

우리는 당시 사람들보다도 예수님에 관해 더 많은 정보를 얻을 수 있습니다. 그렇다면 우리는 정말 예수님의 요구를 알아듣고, 그분이 우리에게 바라시는 바를 행하고 있습니까? 예수님께서 하느님이심을, 그리고 그분의 놀라운 업적을 믿는다고 하면서도, 우리에게는 아직 부족한 것이 있습니다. 바로 다른 사람들 앞에서 그 믿음을 행실로 증거하는 것입니다.

든든한 바위 위에 집을 지으라고
오늘도 저를 초대하시는 주님,
그 초대에 기꺼이 응할 수 있도록
저를 축복해 주소서.

사순 제5주간 토요일

불의에 맞서기

오늘의 복음: 요한 11,45-56

"여러분은 아무것도 모르는군요.
온 민족이 멸망하는 것보다
한 사람이 백성을 위하여 죽는 것이
여러분에게 더 낫다는 사실을
여러분은 헤아리지 못하고 있소."
(요한 11,49-50)

나의 실천 사항:

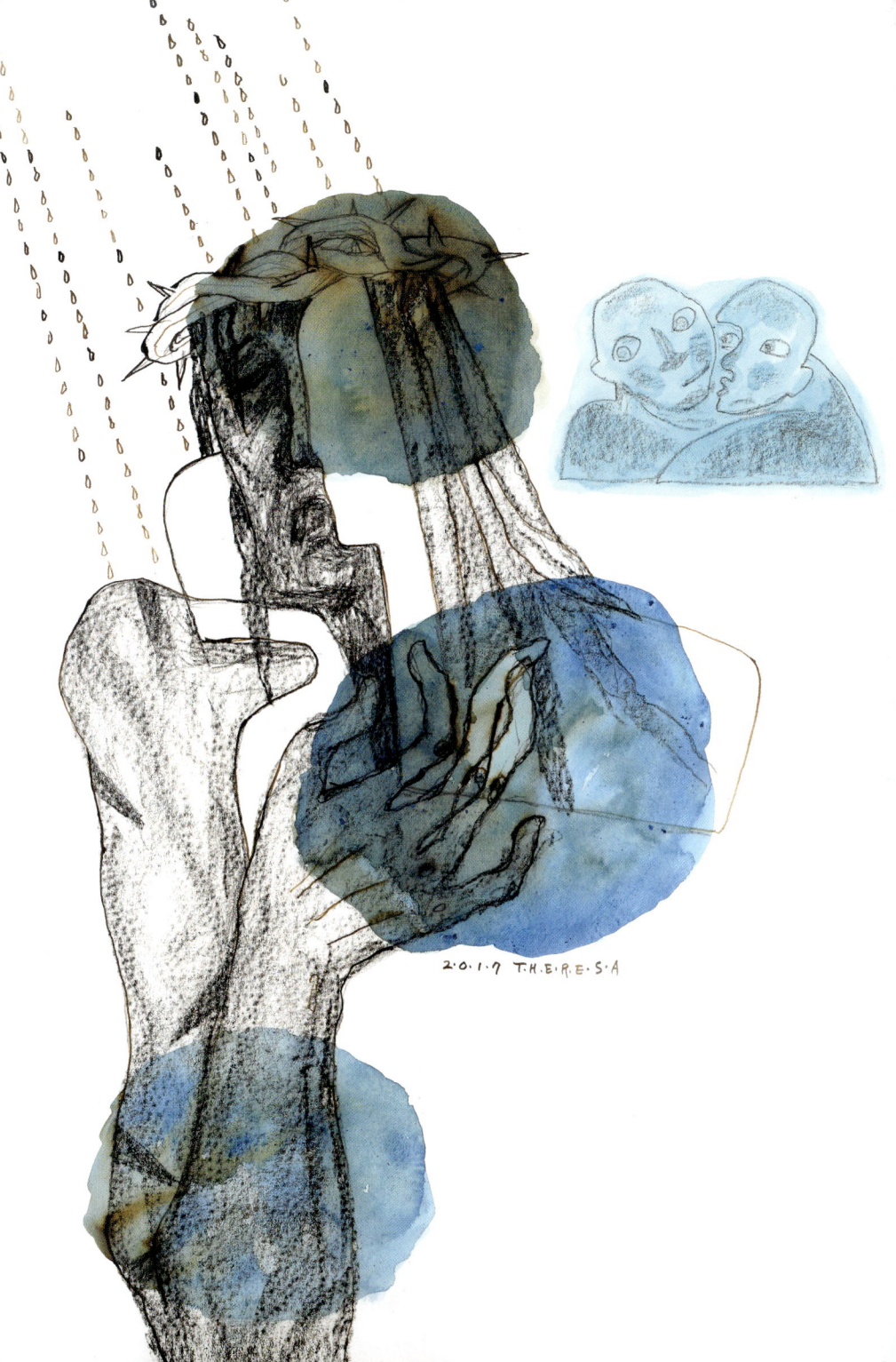

예수님께서 라자로를 살려 내신 일 때문에, 의회가 소집되었고, 거기에서 권력을 가진 사람들은 결국 예수님을 죽이기로 결의했습니다. 예수님으로 인해 자기들의 안위가 위협받을 수 있다는 생각 때문이었습니다. 형식적으로는 백성을 위한 결정인 것처럼 했지만, 사실은 자신들이 기득권을 잃게 될 것을 걱정한 일종의 정치적 타협이었고 불의였습니다. 하지만 사람들에게는 당장의 안위가 더 중요했습니다. 그래서 불의를 서슴없이 저질렀고, 그 불의에 눈을 감았습니다.

억울한 죽음과 불의는 2천 년이 지난 지금도 도처에서 여전히 되풀이되고 있습니다. 그 죽음이 저의 안위와 상관없다는 생각에(사실은 깊이 연결되어 있음에도 불구하고), 못 본 척 살고 있지 않은지 제 양심이 저를 다그칩니다. 그 시대의 바리사이들과 수석 사제들처럼 불의에 가담하거나, 다른 유다인들처럼 방관하거나 동조하지 않느냐고 말입니다. 부끄럽지만 저도 그 불의와 희생에 빚지고 있음을 삼가 고백합니다.

주님, 욕심의 속삭임이 아니라
양심의 다그침에 귀 기울이게 하시어
불의에 가담하거나 방관하지 않도록 도와주소서.
그리고 이러한 유혹에 빠지지 않도록
오늘도 기도하게 하소서.

성주간

부활의 길

앞으로 일주일간 매일 실천할 바를 적어 보세요.
다음의 예시에서 선택해도 좋습니다.

성주간에 실천할 나의 결심

_____

_____

_____

_____

_____

예시

· 다른 사람에게 고마운 마음을 표현합니다.
· 일찍 귀가하여 가족과 함께 저녁 식사를 합니다.
· 운전할 때 다른 운전자를 배려하고 양보합니다.
· 가족이 함께 성삼일 전례에 참석합니다.
· 세계 평화와 남북 통일을 위해 묵주 기도를 바칩니다.
· 가족들에게 사랑과 감사의 편지를 씁니다.
· 부부가 함께 산책합니다.
· 자녀를 꼭 안아 줍니다.
· 나에게 상처를 준 사람을 위해 기도합니다.
· 다른 사람의 말을 잘 들어 줍니다.
· 사랑하는 사람의 발을 씻어 줍니다.

주님 수난 성지 주일
늘 깨어 기도하기

오늘의 복음: 마태 26,14-27,66(가해)
　　　　　　마르 14,1-15,47(나해)
　　　　　　루카 22,14-23,56(다해)

"시몬아, 자고 있느냐?
　한 시간도 깨어 있을 수 없더란 말이냐?
　너희는 유혹에 빠지지 않도록 깨어 기도하여라."
(마르 14,37-38)

나의 실천 사항:

"모두 떨어져 나갈지라도 저는 그러지 않을 것입니다."(마르 14,29), "스승님과 함께 죽는 한이 있더라도, 저는 결코 스승님을 모른다고 하지 않겠습니다."(마르 14,31) 베드로의 호기에 찬 장담은 오래가지 못했습니다. 예수님의 말씀대로 그날 밤, 닭이 두 번 울기 전에 베드로는 예수님을 세 번이나 부인했으니까요. 딱 저의 모습 같습니다. 주님만을 따르겠다고 했던 사제 서품 때의 각오와 결심을 얼마나 많이 모른 척하고 외면했는지요. 거짓이면 천벌을 받겠다고 맹세까지 해 가며 주님을 모른다고 잡아떼는 베드로처럼, 얼마나 뻔뻔하게 주님을 거슬러 많은 죄를 지었는지 모릅니다.

예수님께서는 제자들이 얼마나 유혹에 쉽게 넘어갈지 처음부터 알고 계셨습니다. 그래서 이렇게 당부하셨습니다. "너희는 유혹에 빠지지 않도록 깨어 기도하여라."(마르 14,38) 이 세상을 사는 동안 유혹이 없을 수는 없겠지만, 가능한 한 유혹에 적게 시달리고, 설사 유혹에 넘어가 주님을 배반하더라도 빨리 회개하고 그분께로 다시 돌아올 수 있으려면 '늘 깨어 기도하라'고 가르쳐 주신 것입니다. 실로 주님이 가신 십자가의 길을 우리가 따르려면 기도 없이는 갈 수 없습니다.

주님을 세 번 배반했던 베드로는 깊이 뉘우치고, 결국 주님을 위해 목숨을 바쳤습니다. 제가 죽기 전까지 몇 번이나 더 주님을 배반하고 또 뉘우치기를 반복할지 알 수 없습니다. 하지만 베드로처럼 저도 주님을 위해 완전히 십자가에 못 박힌 채로 삶이 끝나기를 간절히 열망합니다.

주님, 끊임없이 기도하게 하소서.
제가 강한 척하거나 큰소리치지 않고
약함을 솔직하게 고백하게 하시고,
미약한 힘이라도 주님을 위해 쓸 수 있도록
항상 기도하게 하소서.

성주간 월요일

고난을 감수하는 사랑

오늘의 복음: 요한 12,1-11

"마리아가 비싼 순 나르드 향유 한 리트라를
 가져와서, 예수님의 발에 붓고
 자기 머리카락으로 그 발을 닦아 드렸다.
 그러자 온 집 안에 향유 냄새가 가득하였다."
(요한 12,3)

나의 실천 사항:

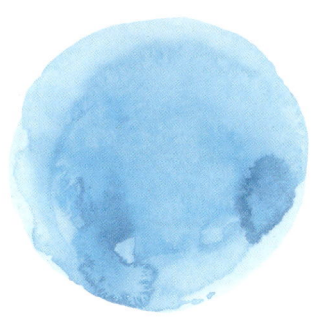

하느님의 크신 사랑은 십자가에서 잘 드러납니다. 동시에 십자가는 그 사랑을 체험하고 예수님을 따라나선 제자들이 걸어야 할 길입니다. 예수님께서 살리신 라자로와 예수님의 발에 향유를 부은 마리아는 그분의 사랑을 특별하게 체험했습니다. 예수님을 향한 그들의 마음 또한 각별했습니다. 그래서 그들은 죽음의 위협과 비난을 감수했습니다.

그들의 처지는 예수님을 따르는 우리의 운명을 암시해 줍니다. 그러나 우리는 그분의 사랑에서 어떠한 고난을 감수하더라도 주님을 사랑할 힘을 얻을 수 있습니다. 그분은 우리 마음을 아시고, 힘이 되어 주십니다. 주님을 위해서 우리의 시간과 재물과 능력을 쓸 수 없다면, 그것을 필요로 하는 이웃에게도 결코 내어 줄 수 없을 것입니다. 성주간 동안 십자가에서 쏟아지는 주님의 사랑에 젖어 들도록 먼저 우리의 마음을 온전히 내어 드리는 것은 어떨까요?

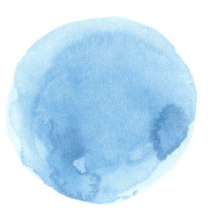

성주간을 시작하면서
저의 마음을 온전히 주님께 드립니다.
당신의 발자취를 따르면서
당신의 사랑에 제 몸과 마음이
흠뻑 젖어 들게 하소서.

성주간 화요일
아버지와의 일치

오늘의 복음: 요한 13,21-33.36-38

"주님, 어디로 가십니까?"
(요한 13,36)

나의 실천 사항:

유다와 베드로의 배반을 예고하시는 예수님의 모습은 너무나 담담합니다. 당신을 팔아넘기거나 부인하고 달아나 버릴 제자들에 대한 섭섭한 감정이 보이지 않습니다. 물론 부활을 체험한 제자들이 훗날 어떻게 당신을 따르게 될지 아셨겠지만, 그것이 당장의 고통을 없애 주지는 않았을 것입니다. 매를 맞고 십자가에 못 박히는 육체적 고통보다 제자들과 군중들에게 받은 배신과 조롱이 그분을 더 괴롭혔을 것입니다. 하지만 예수님께서는 하느님 아버지와 이룬 깊은 일치로 철저한 고독과 육체적 고통까지도 이기실 수 있었습니다.

사제로 살아가는 제가 어디서 그런 힘과 위로를 얻는지 반성합니다. 하느님 대신 인간적 위로에 더 기울어지는 저의 연약함을 송두리째 십자가에 못 박고 싶습니다.

사랑의 주님,
제가 오늘 만난 어려움을
당신과 함께하는 마음으로
기쁘게 받아들이려 하오니,
당신께 작은 위로가 되게 하소서.

성주간 수요일
기다리시는 분

오늘의 복음: 마태 26,14-25

"스승님, 저는 아니겠지요?"
(마태 26,25)

나의 실천 사항:

유다는 이미 스승을 팔아넘기는 대가로 은돈 서른 닢을 받았습니다. 그러고도 예수님께서 배반을 예고하실 때 자기는 아니라고 태연하게 말합니다. 예수님께서는 유다의 음모와 속임수와 거짓을 다 알면서도 그의 선택을 강요하지 않으십니다. 죄인을 구원하러 오신 분인데 유다의 멸망을 바라셨을 리도 없습니다. 세상에 태어나지 않았으면 더 좋았을 것이라는 예수님의 말씀은 오히려 유다에 대한 그분의 가슴 아픈 연민을 드러내 줍니다.

적어도 최후의 순간에는 유다도 베드로처럼 용서받았으리라고 믿고 싶습니다. 주님께서는 우리의 어리석음과 죄를 다 알고 계시지만 연민의 눈으로 바라보시는 분이기 때문입니다. 또한 마지막 순간까지 포기하지 않으시고 우리가 뉘우쳐 돌아오기를 기다리시는 분입니다.

기댈 곳이 있다는 믿음을 주시는 주님,
감사합니다.
저희도 주님처럼 애틋한 사랑과 연민으로
팔을 벌려 이웃에게 의지가 되게 하소서.

주님 만찬 성목요일

발을 씻어 준다는 것은

오늘의 복음: 요한 13,1-15

"주님이며 스승인 내가
 너희의 발을 씻었으면,
 너희도 서로 발을 씻어 주어야 한다."
(요한 13,14)

나의 실천 사항:

예수님께서는 3년 동안 가르쳐 온 제자들에게 마지막 요점 정리를 해 주십니다. 감동적이게도 예수님께서 손수 수건을 두르시고 제자들의 발을 씻어 주시는 모습으로 말입니다. 이는 "섬김을 받으러 온 것이 아니라 섬기러 왔다."(마태 20,28 참조)라는 그분의 말씀 그대로입니다. 인간을 사랑하고 용서하시는 하느님, 인간을 섬기시는 하느님의 모습이 거기서 드러납니다. 그리고 제자들에게도 그렇게 서로 발을 씻어 주라고 당부하십니다. 발을 씻어 준다는 것은 용서, 사랑, 봉사의 상징적 표현입니다.

주님, 형제의 발을 씻어 주기는커녕 오히려 냄새 난다고 비난하고 방에서 쫓아내려 했던 저를 불쌍히 보아 주십시오. 발을 닦아 주려는 형제의 성의를 거절하거나, 더러운 발을 내밀며 형제들의 이해와 인내를 강요했던 무례를 깨닫게 하십시오.

섬김의 아름다움과 모범을 보여 주신 주님,
저희를 위한 당신의 사무치는 사랑을
저희도 실천하게 하소서.

주님 수난 성금요일
십자가를 통하여 만나는 예수님

오늘의 복음: 요한 18,1-19,42

"아버지께서 나에게 주신 이 잔을
내가 마셔야 하지 않겠느냐?"
(요한 18,11)

나의 실천 사항:

우리 인생길은 예수님의 십자가의 길을 닮았습니다. 주님의 말씀에 마음을 닫고 그분의 뜻을 외면할 때마다, 어려움에 처한 이웃들에게 무관심하고 전쟁으로 죽어 가는 이들을 외면할 때마다 우리는 우리를 대신하여 십자가에 못 박히시는 예수님을 만납니다. 때로는 병정의 모습으로 예수님을 십자가에 못 박고 있는 우리 자신을 보기도 합니다.

크고 작은 일상의 수고와 어려움은 우리가 짊어져야 할 십자가입니다. 때로는 그 십자가가 너무 무거워 한 발도 내딛기 어려울 때 키레네 사람 시몬처럼, 우리의 십자가를 나누어 지고 동행해 주시는 예수님을 만납니다. 주님께서는 우리를 깨닫게 하시려고 미사성제가 거행될 때마다 당신 자신을 제물로 내어 주십니다. 2천 년 전 골고타에서 그렇게 하셨듯이 말입니다.

주님,
주님과 함께, 주님을 따라서
40일을 달려왔습니다.
그러나 여전히 십자가를 외면하는
제 모습을 봅니다.
성체성사로 그 신비를 깨닫고 살아가도록
저에게 자비를 베풀어 주소서.

파스카 성야
나를 버리고 떠나기 위해

오늘의 복음: **마태 28,1-10**(가해)
　　　　　　마르 16,1-7(나해)
　　　　　　루카 24,1-12(다해)

"놀라지 마라.
　너희가 십자가에 못 박히신 나자렛 사람
　예수님을 찾고 있지만 그분께서는 되살아나셨다."
(마르 16,6)

나의 실천 사항:

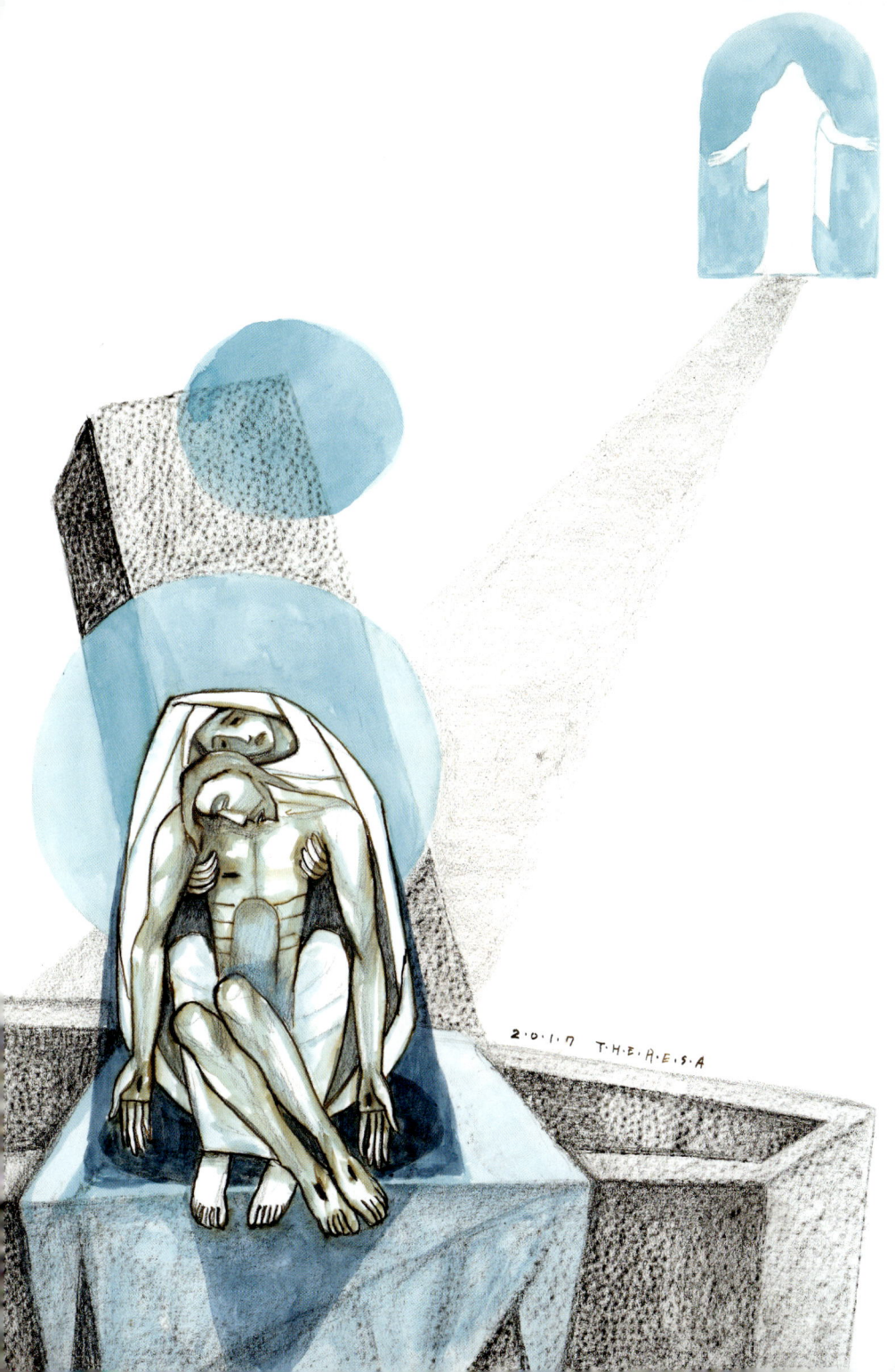

사람으로 태어난 이상 죽음이 피할 수 없는 운명임을 알면서도, 죽음을 좋아할 사람은 아무도 없을 것입니다. 저도 자신이 무덤에 묻힌다는 것은 상상도 하기 싫습니다. 그런데 예수님께서는 인간의 운명을 고스란히 짊어지고 몸소 무덤에 묻히셨습니다. 그래서 "정녕 자기 목숨을 구하려는 사람은 목숨을 잃을 것이고, 나 때문에 자기 목숨을 잃는 사람은 목숨을 얻을 것이다."(마태 16,25) 하신 당신 말씀의 참됨이 드러나게 되었습니다.

주님! 죽음을 피할 수 없다면 저도 당신과 함께 영원히 살기 위하여 참된 죽음을 준비하고 싶습니다. 그러려면 누구나 "자신을 버리고 나를 따라라."(마태 16,24 참조) 하셨으니, 제 욕심과 교만을 이제는 무덤에 묻어버리게 하십시오. 버렸다고 하면서도 매번 슬그머니 주워 담는 자신을 발견할 때마다 정말 괴롭습니다. 하오니 주님! 그런 삿된 마음이 괴롭힐 때마다 그 마음을 다시 묻어 버리는 데 지치지 않도록 당신의 은총으로 도와주십시오. 아멘.

사랑이 얼마나 크고 아픈 대가를 치러야 하는지
몸소 보여 주신 주님,
무덤에 묻히신 당신의 죽음이
저를 살리는 힘임을 믿고 당신을 따르게 하소서.

주님 부활 대축일

상상도 못 한 일

오늘의 복음: 요한 20,1-9

"주간 첫날 이른 아침,
 아직도 어두울 때에 마리아 막달레나가 무덤에
 가서 보니, 무덤을 막았던 돌이 치워져 있었다."
(요한 20,1)

나의 실천 사항:

십자가 위에서 그렇게 비참하게 돌아가신 분이 다시 살아나시리라고 누가 상상이나 했겠습니까? 이는 제자들조차 예상하지 못한 일이었습니다. 그런데 그 일이 현실이 되었습니다. 주님께서는 이제 더 이상 무덤에 계시지 않고 말씀하신 대로 영광스럽게 부활하셨습니다. 부활은 돌아가신 예수님께서 다시 살아나신 사건입니다. 그런데 그 엄청난 변화가 제자들에게도 그대로 일어났습니다. 시몬 베드로와 다른 제자는 빈 무덤으로 달려갈 때까지도 예수님께서 돌아가셨다가 반드시 살아나실 것이라는 성경 말씀을 깨닫지 못했습니다. 그들은 무덤에 들어가서야 보고 믿었습니다. 제자들은 마침내 깨닫게 된 것입니다. 제자들의 이러한 깨달음은 우리의 희망인 동시에 우리의 변화를 위한 요청이기도 합니다. 우리도 주님의 부활을 준비하며 머리에 재를 얹고 40여 일을 달려왔습니다.

그런데 오늘 복음 말씀은 조금 허탈합니다. 부활의 증거가 고작 빈 무덤과 흩어진 수의라니요. 그리스도교 최고의 진리이자 신앙의 신비를 선포하는 주님 부활 대축일 미사의 복음치고는 너무 초라해 보입니다. 하지만 부활이 감각적 증거에 의해서가 아니라 인간 내면의 변화를 통해서만 알아듣고 체험할 수 있는 신비임을 빈 무덤 이야기가 명백하게 말해 줍니다. 머리에 재를 얹고 단식과 기도와 자선으로 정성을 들여 온 지난 사순 시기는 부활하신 그분을 제 안에서 알아 뵙고 느끼기 위한 '마음의 밭갈이'를 하는 시간이었습니다. 그러니 부활의 신비를 지금 다 알아들을 수 없다 하여 실망하지 않겠습니다. 제자들에게 그러하셨듯이 당신을 알아볼 수 있도록 주님께서 저를 기다리고 가르쳐 주실 것이기 때문입니다.

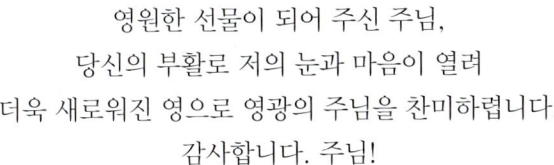

영원한 선물이 되어 주신 주님,
당신의 부활로 저의 눈과 마음이 열려
더욱 새로워진 영으로 영광의 주님을 찬미하렵니다.
감사합니다. 주님!